シュメル人

小林登志子

講談社学術文庫

目次

西アジア世界

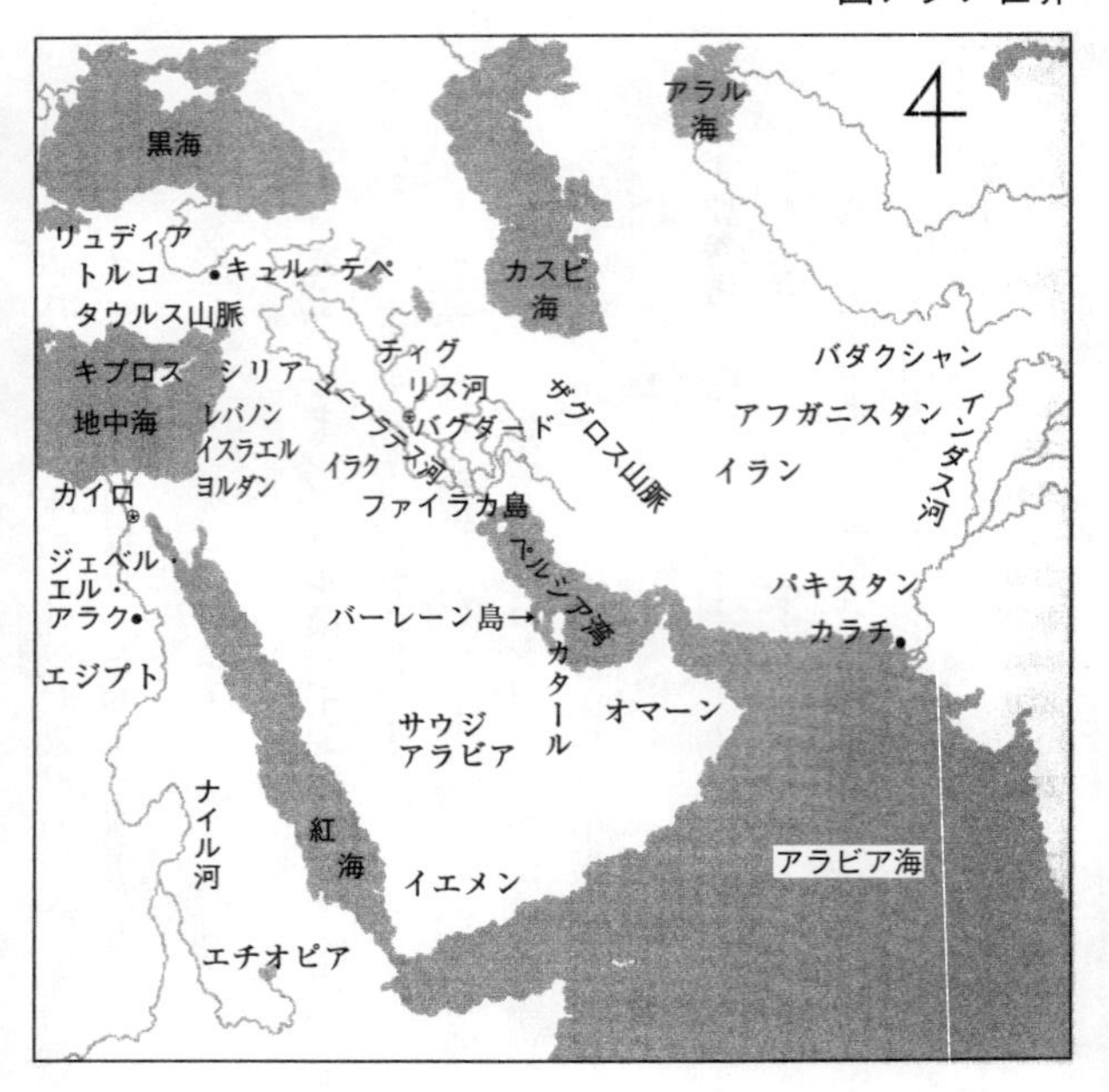

黒海
アラル海
カスピ海
リュディア
トルコ
キュル・テペ
タウルス山脈
キプロス
シリア
地中海
レバノン
イスラエル
ヨルダン
ティグリス河
ユーフラテス河
バグダード
イラク
ザグロス山脈
バダクシャン
アフガニスタン
インダス河
イラン
カイロ
ファイラカ島
ペルシア海
ジェベル・エル・アラク
バーレーン島→
パキスタン
カラチ
カタール
エジプト
オマーン
サウジアラビア
ナイル河
紅海
イエメン
アラビア海
エチオピア

バビロニア地方

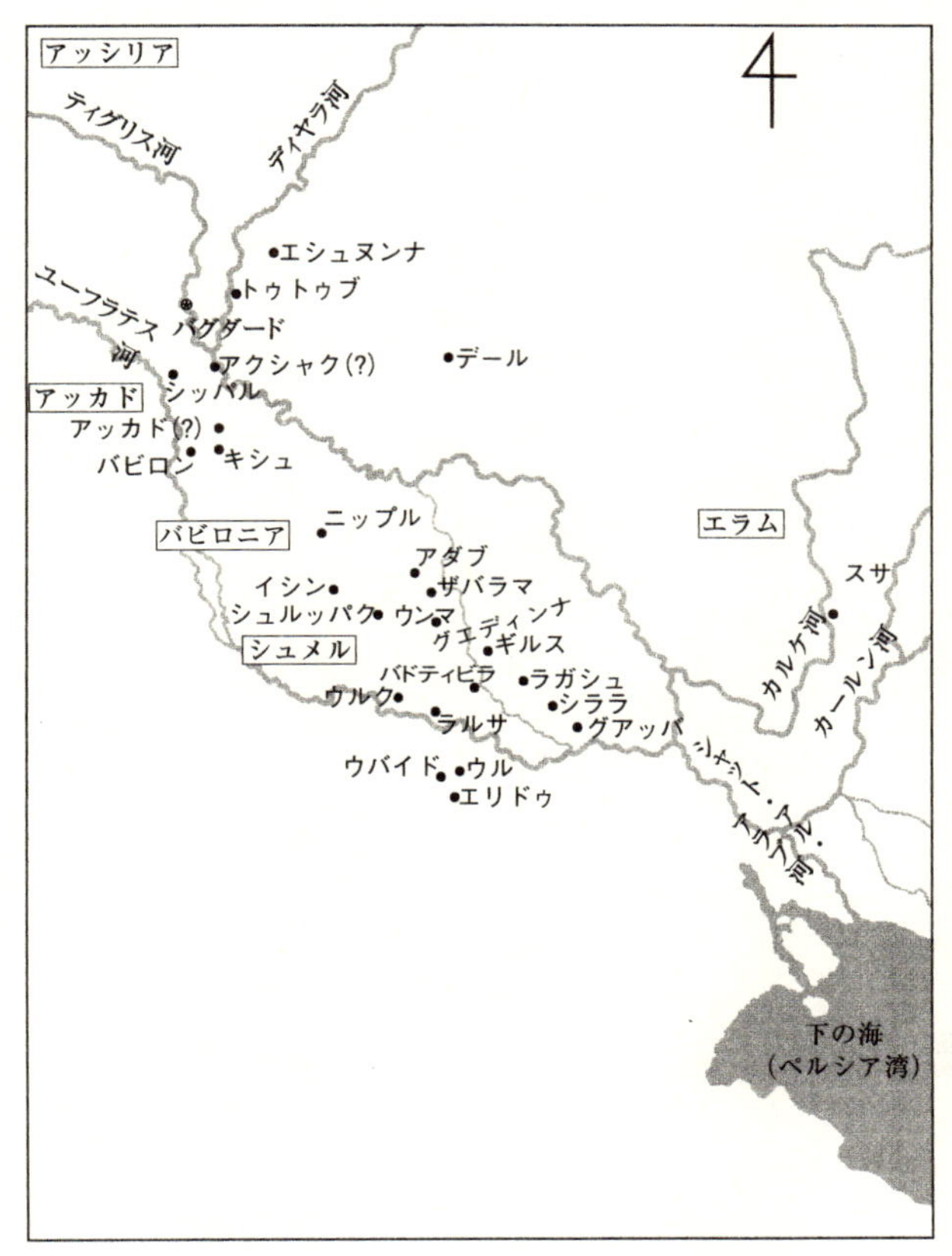

4
アッシリア
ティグリス河
ディヤラ河
エシュヌンナ
トゥトゥブ
ユーフラテス河
バグダード
アクシャク(?)
デール
シッパル
アッカド
アッカド(?)
キシュ
バビロン
ニップル
バビロニア
エラム
アダブ
イシン
ザバラマ
スサ
シュルッパク
ウンマ
グエディンナ
カルケ河
ギルス
シュメル
カールーン河
バドティビラ
ラガシュ
ウルク
シララ
ラルサ
グアッバ
シャット・アラブ河
ウバイド
ウル
エリドゥ
下の海
（ペルシア湾）

メソポタミアとその周辺地方

タウルス山脈
36°
40°
44°
ヴァン湖
ウルミア
アマヌス山脈
大ザブ河
バリフ河
スビル
ドゥル・シャルキン
ニネヴェ
ウルビル
エブラ
トゥトゥル
ウガリト
ハブル河
アッシュル
小ザブ河
上の海（地中海）
キルクーク
ヌジ
キマシュ
マドガ
テルカ
ビブロス
マルトゥ
マリ
ヒート
シムルム
フェニキア
ユーフラテス河
バグダード
バド・イギフルサグ城壁
デー
バビロン
ティグリス
ニップル
プズリシュ・ダガン
ラガシュ
イシン
ウルク
ラルサ
ウル
km
0
100
300
500
40°
44°
古代都市名
現代都市名

2334	**アッカド王朝時代**（—2154）
	サルゴン王（2334—2279）がルガルザゲシを破りシュメル・アッカドを統一
	ナラム・シン王（2254—2218）
	シャル・カリ・シャリ王（2217—2193）グティ人の侵入
2200	グデア王（ラガシュ市）
2193	エジプト第６王朝・ニトイケルティ女王（—2191）
2120	ウトゥヘガル王がグティ人を撃退
2112	**ウル第３王朝時代**（—2004）
	ウルナンム王（2112—2095）「ウルナンム『法典』」
	シュルギ王（2094—2047）
	アマル・シン王（2046—2038）
	シュ・シン王（2037—2029）
	イッビ・シン王（2028—2004）
2025	**ラルサ王朝**（—1763）
2017	**イシン第１王朝**（—1794）
	イシュビ・エラ王（2017—1985）
	イディン・ダガン王（1974—1954）
	リピト・イシュタル王（1934—1924）
	ウルニヌルタ王（1923—1896）
2004	エラムの侵入によってウル第３王朝滅亡
2004	**古バビロニア時代**（—1595）
	古アッシリア時代（—1600）
	アッシュル商人がアナトリアに交易に出向く
	シャムシ・アダド１世（1813—1781）
	ヤスマハ・アッドゥ王（1796—1776）（マリ市）
	ジムリ・リム王（1775—1761）（マリ市）
1894	**バビロン第１王朝**（—1595）
	ハンムラビ王（1792—1750）　「ハンムラビ『法典』」
1600	ミタンニ王国（—1300）
1550	エジプト第18王朝（—1292）
	トトメス３世（1479—1425）
	ツタンカーメン（1374—1338）
1200	ヒッタイト滅亡し、鋼の鋳造技術広まる

本書関連年表

年代 紀元前	事　項
8000	**新石器時代**
	農耕開始
5500	エジプト、先王朝時代（—3100）
5500	ウバイド文化期（—3500）バビロニアに灌漑農耕・定住
3500	ウルク文化期（—3100）都市文明発展
3100	ジェムデト・ナスル期（—2900）バビロニア全体に都市文明広まる
2900	**初期王朝時代**（—2335）
	第Ⅰ期　2900—2750
	第Ⅱ期　2750—2600
	第ⅢA期　2600—2500
	第ⅢB期　2500—2335
2614	エジプト第４王朝（—2479）
	クフ王（2579—2556）
	メンカウラー王（2514—2486）
2600	ウル王墓、「ウルのスタンダード」、プアビ后妃
2550	メシリム王（キシュ市）の調停
2500	**ウルナンシェ王ラガシュ市に王朝樹立**
2450	エアンナトゥム王（ラガシュ市）「キシュ市の王」、「戦勝碑」
2430	エンアンナトゥム１世（ラガシュ市）イブガル神殿建立
2400	エンメテナ王（ラガシュ市）回顧碑文、ウルク王と「兄弟の契り」
2350	エンエンタルジ王（ラガシュ市）
	ルガルアンダ王とバルナムタルラ后妃（ラガシュ市）
2340	エンシャクシュアンナ王（ウルク市）「国土の王」、年名採用
	ルガルザゲシ王（ウンマ、ウルク市）がシュメル統一

1000	**新アッシリア時代**（—609）
	シャムシ・アダド５世（823—811）
	アダド・ニラリ３世（810—783）
	サルゴン２世（721—705）
701	ラキシュ攻城戦
	アッシュル・バニパル王（668—627）
625	**新バビロニア時代**（—539）
	ネブカドネザル２世（604—562）
597	第１回バビロニア捕囚
586	第２回バビロニア捕囚
581	第３回バビロニア捕囚
539	アケメネス朝ペルシア（550—330）がメソポタミア支配

前2000年紀まではおおよその年数　王名のあとの（　）内は治世年

シュメル人

はじめに

時間を遡る旅に、読者をお連れしたい。「タイム・マシン」に乗っていただこう。

一〇〇〇年ほど時間を遡ると、「御堂関白」藤原道長（九六六―一〇二七年）の栄華を目の当たりにできる。道長は娘たちを次々入内（じゅだい）させ権勢を誇ったが、藤原氏の栄華といっても一〇〇〇年は続かない。だが、この頃に一〇〇〇年の後まで読み継がれる作品を「氷室」の長官の娘、清少納言や紫式部が創作していた。

もう一〇〇〇年遡ると、「日本」はなく、その代わり、日本列島の西方に「倭（わ）」がある。「倭」の奴国（なこく）王は後漢（二五―二二〇年）の光武帝（二五―五七年：以下、王名の後のかっこ内は在位年を、王以外の人物は生没年を表記する）の建武中元二年（五七年）に朝貢し、小さな金印（「漢委奴国王印」）をありがたく拝受する。後漢からはるか西方へ目を向けると、ガリラヤのナザレではイエス（前四―後三〇年）が大工の家に生まれ、宗教家となる。その死後キリスト（ギリシア語で「油塗られた者」の意味で、「救世主」のこと）と弟子たちに認められた出来事は、大ローマ帝国の西方で起きた小さな出来事に過ぎなかった。だが、やがて帝国中に張りめぐらされた街道を利用した伝道者によって広められ、キリスト教

彩文土器（断片） ギルス地区（テルロー）出土 ウバイド文化期

は四世紀末にはローマ帝国の国教となった。

さらに、思い切って二〇〇〇年の時間を遡って、ペルシア湾付近で「タイム・マシン」を降りると、白く輝く太陽の下に見える光景は四〇〇〇年後と同じような荒廃した世界である。一〇〇〇年余続いた王朝が滅亡し、そして人類最古の文明を築いた主役が歴史の表舞台から消えようとしていた。その主役の名前はシュメル人という。

シュメル人が住んでいたシュメル地方はメソポタミアの最南端にあたる。メソポタミアとは、「(両)河の間の土地」を意味するギリシア語で、現在はその大部分がイラクに属す。ユーフラテス河、ティグリス河の両河はトルコ東部の山中から流れ出で、平原に下りてイラク国内を流れ、長い旅のすえにバスラ近郊で一本に合流してシャット・アル・アラブ河となって、ペルシア湾（アラビア湾ともいう）に達する。

メソポタミアは大きく二つの地方に分けられ、イラクの首都バグダード近辺を境として、その北部がギリシア語で「アッシュルの土地」を意味するアッシリア、南部が「バビロンの土地」を意味するバビロニアと後代に呼ばれた。

両河が押し流して来た泥土が堆積した沖積平野がバビロニアで、バビロニアはさらにニップル市（現代名ヌファル）を境に北部をアッカド、南部をシュメルといった。シュメルの古代都市はティグリス河よりもわずかに海抜の高いユーフラテス河流域に発達した。

人間の歴史は飢えとの戦いで、いかに食糧を確保するかの歴史ともいえ、土壌の豊かさが人々をバビロニアに惹きつけた。この地に住めば、洪水の心配はあるにせよ、食糧確保の問題からはまず解放された。

前五五〇〇年頃に人々はバビロニアに定住を始めた。ウバイド文化期（前五〇〇〇―前三五〇〇年頃）の始まりである。これに先立つこと三〇〇〇年前、前八〇〇〇年頃にはザグロス山脈の山麓地帯で天水に頼る原始農耕がすでに始まっていたが、ようやくこの頃にバビロニアの乾燥地帯でも、灌漑農耕によって大麦が栽培されて安定した収穫を得ることが可能になった。

ウバイド文化期の後期には大きな町が成立し、交易も活発におこなわれるようになった。

次のウルク文化期（前三五〇〇―前三一〇〇年頃）が本格的な都市文明成立の時代である。ことに後期になると、支配階級や専門職人などが現れ、巨大な神殿が造られ、古拙（こせつ）文字（＝絵文字）が発明された。最古の古拙文字は前三二〇〇年ぐらいに書かれ、それ以前のブッラ（中空の直径一〇センチメートルぐらいの粘土の球）とトークン（二～三センチメート

ブッラと単純トークン

ウル市の中心に屹立していたジグラト「エテメンニグル」想像図　ウルナンム王が修復した

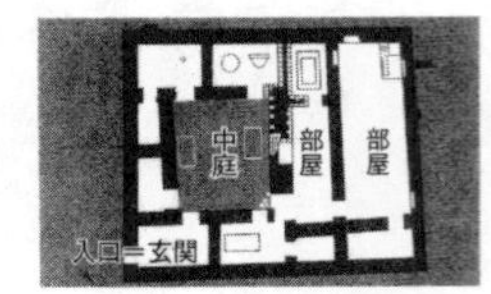

中庭を囲む形のシュメルの個人住宅の間取り　ラガシュ市ギルス地区　前3000年紀末

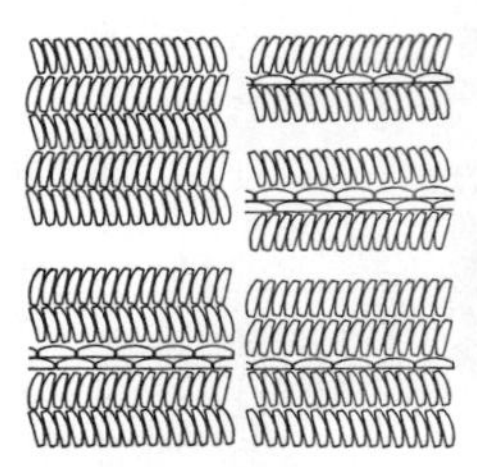

プラノ・コンヴェクス煉瓦のさまざまな積み方

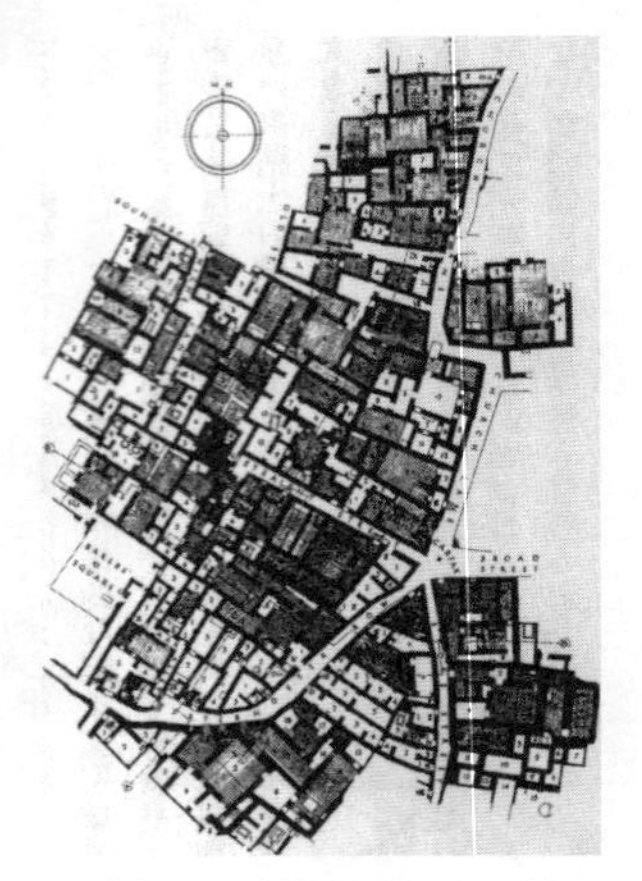

前2000年紀前半のウル市密集した居住地区

アバラゲと名前が刻まれたラピスラズリ製円筒印章とその印影図　高さ4.2センチメートル　ウル王墓出土

ルぐらいの粘土製品）を使った記録方法から大きく転換した。

都市の生活はほとんどの人間が農業に従事した単調な村落社会とちがっていた。

数万人が集まり住んだ都市には余剰生産物が増えた結果として、食糧生産に従事しない者が数多く生まれた。王や支配者層がいて、複雑な支配組織が整えられた。都市に住む人々の日常生活では、たとえば技術や工芸などが複雑になり、同時に洗練されもした。

都市は神殿を中心に形成され、神殿の基壇がどんどん高くなり、ジグラトになった。ジグラトはシュメル都市を特徴づける「聖塔」で、はるか彼方からも見ることができた。神域の外側に人々の居住地区があり、市域は敵の来襲に備えて城壁に囲まれていた。

ウバイド文化期には見られなかった円筒印章（円筒形の石材などの周囲に陰刻で図像を彫り、粘土の上にころがして図柄を残す印章）、横長のリムーヘン煉瓦と次代のプラノ・コンヴェクス煉瓦などが登場し、一説にはこうしたものの出現をもって、シュメル人がバビロニアへ到来した証拠とされている。

シュメル人とはどこからやって来たのかわからない民族系統不詳の人々である。シュメル語は日本語と同じように膠着（こうちゃく）語で、日本語の格助詞、つまり「てにをは」のような接辞を持つ言語であった。

シュメル語を表記するために考案された古拙文字はしばらくして楔形文字に転換した。これは一本でさまざまな形を作り出せる葦のペンを工夫した結果、粘土板への書き始めが三角の楔形になったので、こう呼ばれる。シュメル語の楔形文字は表語文字から始まり表音文字も工夫され、シュメル語を自在に表現できるようになった。やがて、セム語族のアッカド人も自らの言語を表記するためにシュメルの楔形文字を借用した。

アッカド語の表記には日本の仮名文字と同じ音節文字が必要で、アッカド語の文章の中にシュメル語そのままの用語も多数取りいれた。これは本来中国語を表すための漢字を我が国で借用して、日本語を表した万葉仮名の用法と似ている。当然アッカド語の中に多数のシュメル語が含まれているのと

古拙文字 前3200年頃	前2400年頃 の楔形文字	前1000年紀 の楔形文字	音価	意味
			gu_4	牡牛
			ab_2	牝牛
			udu	羊
			gi	葦
			dub	泥、 粘土板
			sar	植える、 書く

古拙文字（＝絵文字）から発展した楔形文字は90度横になるが、その時期は近年、年代を下げて考えられるようになった。従って本書では前2400年頃の楔形文字を表記する際には近年の説にもとづき、絵文字と同じ向きにした。一方で、引用したテキストは90度横になっているがそのままとした

同様に日本語の中には多数の漢語がはいっている。日本ではやがて漢字を崩して平仮名、漢字の偏を取って片仮名を発明した。楔形文字にはこうした展開はなかったが、文字が簡略化され、ウガリト語、ペルシア語などのさまざまな言語に借用され、広く長くオリエント世界で使われた。

バビロニア全域に都市文明が広まっていったジェムデト・ナスル期（前三一〇〇―前二九〇〇年頃）に、前三〇〇〇年紀は始まり、初期王朝時代（前二九〇〇―前二三三五年頃）、アッカド王朝時代（前二三三四―前二一五四年頃）およびウル第三王朝時代（前二一一二―前二〇〇四年頃）に分けられる。

初期王朝時代は先サルゴン時代ともいわれ、シュメルの都市国家が分立していた。古代ギリシアのポリス社会（前八―前四世紀頃）や中国の春秋戦国時代（前七七〇―前二二一年）と同様に、シュメルの都市国家も覇権、交易路や領土問題で抗争を繰り返した。

シュメル・アッカドの地を統一したのはシュメル人ではなく、アッカド人のサルゴン王（在位前二三三四―前二二七九年頃）であった。アッカド王朝の統一も約一〇〇年ほどで、第五代シャル・カリ・シャリ王（前二二一七―前二一九三年頃）の治世にはグティ人の侵入で破綻した。その後にシュメル人ウルナンム王（前二一一二―前二〇九五年頃）がウル第三王朝を興した。最後のシュメル人の統一王朝である。初期王朝時代を古いシュメル時代とすると、この時期は新しい時代であるからと「新シュメル時代」と呼ぶこともある。約一〇〇年の短いウル第三王朝時代がシュメルの最盛期であった。

前二〇〇四年頃には、東方からのエラムの侵入でウル第三王朝が滅亡し、シュメル人は歴史の表舞台から退場する。だが、シュメル人の文化は次の古バビロニア時代に継承されていく。

古バビロニア時代（前二〇〇四―前一五九五年頃）はほぼ前二〇〇〇年紀の前半を指す。ウル第三王朝末期に成立したラルサ王朝（前二〇二五―前一七六三年頃）とイシン第一王朝（前二〇一七―前一七九四年頃）の並立期つまり「イシン・ラルサ時代」と「バビロン第一王朝時代」（前一八九四―前一五九五年頃）をあわせた時代で、今に残るシュメル語のさまざまな分野の文学作品はこの頃に学校で粘土板に書かれたものである。いずれシュメル語が死語になると思い定めて、書記たちは粘土板にシュメル語を書いた。後代に誰かが読んでくれることを期待していたのかもしれない。

こうした作品の起源はシュメル人が活躍していた前三〇〇〇年紀に遡れることから、シュメルについて語る際に充分に一級の史料たりえる。

また、シュメル起源の文学作品がアッカド語に翻訳されている。アッカド語で書かれた『ギルガメシュ叙事詩』はシュメル語で書かれた一連のギルガメシュを主人公とした作品を基にしている。シュメルの作品はちょうどヨーロッパ人がギリシア・ローマの作品を古典とし自分たちの精神的支柱としたように、バビロニア人にとっての古典であった。

ところで、話変わって「超古代史」という不思議な分野がある。こうした分野ではともに膠着語を言語とすることからシュメル人と日本人を結びつける論がもてはやされている。その多くは荒唐無稽で学問とはいいがたい。たとえば、第二次世界大戦中に「高天原はバビロニアにあった」とか、天皇のことを「すめらみこと」というがそれは「シュメルのみこと」であるといった俗説が流布した。そこでシュメル学の先達であった中原与茂九郎先生（京都大学名誉教授）が混同されないように音引きを入れ「シュメール」と表記された。三笠宮崇仁様はこの話を中原先生から直接うかがったという。戦後も、「シュメール」は「シュメル」にもどることなく、我が国では「シュメール」が市民権を得てしまった。こうした事情を踏まえて、本書ではアッカド語の原音に近いシュメルを採用した。

超古代史はさておき、シュメルと現代の日本はまったく無縁ではない。その例を一つあげよう。

超高層ビルディングが日本中で無秩序に建てられている。なんと高いことだろうと建物の上の方ばかりに目がいくが、入り口付近を見てほしい。しばしば「定礎」と刻んだ石がはめ込んである。

これは西洋の習慣で、西洋では建物を建てる際にキリスト教で「定礎式」（corner stone laying ceremony）をおこない、基礎の主要な一角に「定礎石」を据える。定礎石の奥には「定礎箱」が埋め込まれ、その中に住所、発注者、施工主などを記した定礎名板や建築図面、さらに建物が建設された年に発行された新聞や通貨そして『聖書』などをいれる。この習慣が西洋から日本に伝わり、日本では多くは神式で「定礎式」をおこない、氏神様のお札などが納められる。

実は、「定礎式」の起源はシュメルにある。シュメルの「定礎埋蔵物」の貴重な遺物、銅製釘人形が我が国にも招来され、東京国立博物館東洋館に展示されている。

ラガシュ市の王エンアンナトゥム一世（前二四三〇年頃）はラガシュ市のラガシュ地区（現代名アル・ヒバ）にイナンナ女神を祀ったイブガル神殿を建立し、その基礎にこの釘人形を複数埋納した。それから四四〇〇年も経て、一九六八年からメトロポリタン美術館とニューヨーク大学美術史研究所の共同チームが発掘した。釘人形が一〇体ぐらい出土し、その中の二体がはるばる日本に渡って来ていたのだ。

この銅製釘人形は地面に突き刺す形状で、下半身が釘状になっている。実際には煉瓦製の箱などに納めて、埋められた。その下半身に現在は摩滅してしまったが、シュメル語で王碑文が刻まれ、エンアンナトゥム一世の長寿が祈願されていた。

ところで、我が国ではすでに六世紀の飛鳥寺塔心礎に勾玉（まがたま）を鎮壇具（ちんだんぐ）として埋納する習慣が確認されていて、これは中国から伝わった習慣で、一説によれば、起源は西方に遡るようだ。

建物を建てる際に、建物がすぐにつぶれれば良いと思う人間はいないであろう。地の霊（ゲニウス・ロキ）を鎮め、建物がいつまでも丈夫で、施工主にも福がもたらされるように願いを込める。シュメル人の建築儀礼が思いを同じにする後代の人間に継承されている。

シュメル人の社会は特異な社会ではない。現在の文明社会のしくみの多くは、シュメル人の社会に見られるものである。西アジアのみならず、西欧や日本にまでその影響を見ることができるのである。

シュメルを含め古代史には必ずしもさまざまな分野の一等史料が残っているとはいえない。たとえば初期王朝時代のシュメルでは、ラガシュ市のギルス地区（現代名テルロー）から出土した前二五〇〇年頃から約一五〇年間の王碑文（約二〇〇点）と前二三五〇年頃から約二〇〇年間の行政経済文書（約一七〇〇枚）に限定されてしまう。こうした史料から解明で

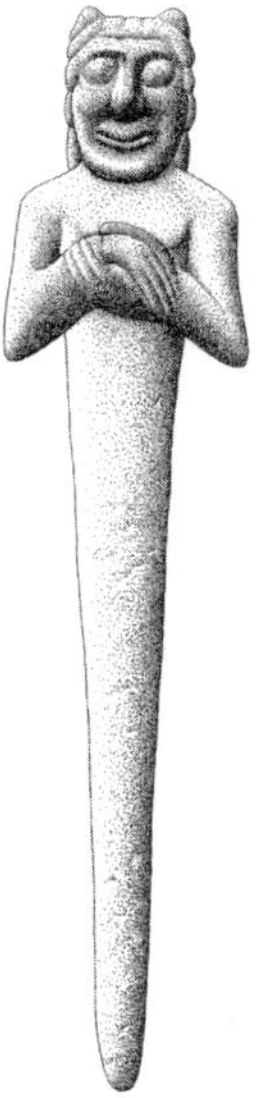

エンアンナトゥム1世の定礎埋蔵物の釘人形
銅　高さ24.5センチメートル

きるのは政治史であり、社会経済史である。それでも、同時代の遺物（考古・美術資料）や、たとえば古バビロニア時代の文学作品の多くはウル第三王朝時代までに成立していて、史料として利用できるのである。

こうした史料を利用して、本書ではシュメル人たちの物語を紹介しよう。だが、「普通の」シュメル人を紹介することは難しい。古代史には近現代史のような庶民の生活を知ることができるような史料はあまりないが、王やその周辺の人々についての史料はわずかながらある。王が庶民とまったく同じ意識を持ち、同じ生活をしていたとはいえないが、王といえども人間であって、思いもかけず現代人も納得するような「普通の人間の顔」を垣間見せることもある。

第Ⅰ章　シュメルの父と息子――ウルナンシェ王の「奉納額」
前二五〇〇年頃の史料が残っているウルナンシェ王が主人公である。残された奉納額の図像を絵解きしながら、ウルナンシェと息子そしてシュメルの父と息子について話そう。現代人にも充分理解できる普遍的な父と息子の姿を見ることができる。
第Ⅱ章　ラガシュ王奮戦記
戦う王たちの話である。中でもエアンナトゥム王を主人公に、ラガシュ市の王たちが自らの国を守るために、いかに戦ったかを宿敵ウンマ市との戦争を例に見てみよう。残された史料の中では勝ったと豪語している王が、行間には弱気な顔を覗かせている。

第Ⅲ章　后妃のお葬式――シュメルの女性たち

女主人公（ヒロイン）はバルナムタルラ后妃である。世の中の半分は女性である。ところが、歴史に登場するのはもっぱら男性で、「女性史」の研究はやさしくはない。多いとはいいがたいが、史料が残っているバルナムタルラ后妃の生涯を縦糸に、シュメル女性の結婚、育児などを横糸に話す。

第Ⅳ章　商人が往来する世界――シュメル人の交易活動

この章はやや趣きを変えて、シュメル人と「もの」の話である。ラピスラズリ、銅、レバノン杉そして瀝青（れきせい）はシュメル人がほしかった「もの」で、「もの」とシュメル人のかかわりを見るとしよう。

この章でシュメル人の代表は前二二世紀中頃のラガシュ市のグデア王である。神殿を建立する際に資材を調達した記録を残しているので、グデア王に大いに語ってもらう。

第Ⅴ章　星になったシュルギ王

大トリはシュルギ王（前二〇九四―前二〇四七年頃）の一代記である。シュルギ王はシュメルの歴史でもっとも記録を残した王で、王の治世を「年名」を追ってたどってみる。この王の生涯も顧みると、決して楽な一生ではなく、大変だったことがわかる。

シュメル人は大昔に遠い地で生活していた「特異な人」ではなく、二一世紀に生きる日本人にとって理解できない遠い存在ではない。本書の中に出てくるシュメル人と似たような人が読者の友人、知人の中にいるかもしれない。あるいは読者自身がシュメル人とそっくりかもしれない。

それでは、シュメル人の物語を始めるとしよう。

I

シュメルの父と息子
――ウルナンシェ王の「奉納額」

ウルナンシェ王の「奉納額A」左上と右下の大きな人物がウルナンシェ王 〈 〉は補足を表す

ウルナンシェ王の「奉納額」

ルーヴルの知られざる「秘宝」

パリにある「美の殿堂」ルーヴル美術館にいくと、「モナ・リザ」や「ミロのヴィーナス」の前などには日本人が大勢集まっている。ルーヴル美術館の至宝はこの二つだけではないのに、せっかくルーヴルへ出かけながら、そのほかは価値がわからず通り過ぎてしまっているようだ。

古代オリエント展示室に足を踏み入れても、ガイドブックに小さく載っている「ハンムラビ『法典』」碑を「確認」して、部屋を後にするという観光客がほとんどではないだろうか。これから説明するウルナンシェ王という一般的には無名の王が登場する「奉納額A」の前で足を止めて、ふと「これはなんだろうか」と思う人がいても、なんだかわからずに去ってしまう。したがって、人だかりがしていることはないのである。本章ではこの「奉納額A」を絵解きしつつ、シュメルの父と息子について話す。

本章扉の図は、ラガシュ市のウルナンシェ王とその王子たちや家臣たちを刻んだ「奉納額A」（石灰岩製）である。一八七七年にE・ド・サルゼックが指揮するフランス隊がラガシュ市のギルス地区を発掘して、それまで疑問視されていたシュメル人の実在を証明する多数の遺物を発見したが、その一つがこの「奉納額A」で、ウルナンシェの奉納額はほかにB、C、Dと全部で四枚ある。高さ四〇センチメートル、幅四七センチメートルとちょうど新聞紙一面を横にしたぐらいの大きさで、浅浮彫で刻まれた人物像の衣服や周囲に本章扉に示したような王碑文がシュメル語で刻まれている。

フランス隊によるギルス地区の発掘

　左上方と右下方に、ほかの人物に比べてひときわ大きく刻まれているのがウルナンシェ王である。左上方は、煉瓦を入れた籠を頭に載せた立ち姿で、現代人ならばなぜ王が肉体労働をするのかと思ってしまうが、これは神のために神殿を建てる王の姿を象徴している。右下方では、杯を手にしているが、これは饗宴に臨む王の姿である。

　上段に「子供（シュメル語でドゥム）」と書かれた人物が五人、ウルナンシェ王と相対している。下段では四人の人物がウルナンシェと向かいあっているが、後の三人が「子供」で、ウルナンシェのすぐ前に立つ人物は「大蛇使い（＝蛇使い長）」バルルである。「大蛇使い」は芸人ではなく、蛇を使う呪術師である。

ペルシア湾付近の水辺　なつめやしの木と葦小屋　シュメル人がいた頃もこうした風景が見られたであろう

「奉納額C」にも登場しているところを見るとよほどの寵臣（ちょうしん）だったようだ。

王の背後で長い注ぎ口のある瓶を手にした人物は近習の酒杯官で、ことに左端のアニタという酒杯官は王のお気にいりだったようだ。そのことは「奉納額B」にも「奉納額C」にも登場していることからわかる。

前二五〇〇年頃の王

ウルナンシェは今から四五〇〇年も前に実在した王であるが、この頃の歴史が同時代の文字史料からわかるのはエジプトとシュメルだけで、いうまでもなく日本はまだ縄文時代で、文字はなかった。

エジプトは第四王朝時代（前二六一四―前二四七九年頃）にあたり、「ギザの三大ピラミッド」のうち二つはすでに出来上がっていて、メンカウラー王（前二五一四―前二四八六年頃）の第三ピラミッドが建造されつつあった。安定した統一国家エジプトの王は自身の壮大な墓造りをしていたが、メソポタミア最南部のシュメル地方ではまだ都市国家が分立し、戦争が絶えなかった。

しかし、その中で頭角を現しつつある有力な都市の一つラガシュ市では、ウルナンシェ王が神殿を建て、国内を整備して世襲王朝の基礎を固めていた。

都市国家ラガシュ市

「キエンギ」

ウルナンシェ王が治めたラガシュ市はシュメル地方でも南方に位置し、そこはペルシア湾に近い低地帯で、「メソポタミア湿原」と呼ばれている。動植物の宝庫で、さまざまな魚や蛇が棲息し、運河が張りめぐらされた水郷地帯で、古くはシュメル人が住み、新しくはマーシュ・アラブ（「湿地のアラブ人」の意味）と呼ばれる人々が住んでいた。ところが、一九九一年の「湾岸戦争」でここを拠点とした反政府勢力を追い出すために、フセイン元大統領が湿原を干し上げた。マーシュ・アラブの多くが難民となり、シュメル人以来の伝統的な暮らしぶりが壊滅した。二〇〇三年にフセイン政権が崩壊して、マーシュ・アラブの人たちがもどりつつあるという。日本でいうと柳川や潮来あたりを想像してもらうと良いかもしれない。雨はほとんど降らない乾燥地帯で、ティグリス・ユーフラテス河の上流からはるばる流

ナンナ神、
エンリル神の長子（にして）
彼の王のために、
ウルナンム、
強き男、
ウルク市のエン（＝主人）、
ウル市のルガル（＝王）、
キエンギ（＝シュメル）
とキウリ（＝アッカド）
のルガル（＝王）は
エテメンニグル、
彼の愛する神殿を
建立し、
再建した。

キエンギの文字　ウルナンム王の王碑文　9行目に「キエンギとキウリ（＝シュメルとアッカド）のルガル（＝王）」と書かれている

れて来る水が頼りだった。

日本人自身は日本をジャパンとは呼ばないように、シュメル人も自らが住んでいる地方を「シュメル」とは呼ばなかった。「シュメル」という言葉はアッカド語で、シュメル人自身は「キエンギ」と呼んでいた。

以前の学説では、「キエンギ」とはシュメル語で「葦（ギ）の主人（エン）の土地（キ）」の意味だと考えられていた。ペルシア湾付近の湿原には、竹を思わせるような太い葦が生えていて、小屋や船用の建材などに利用されていたので、この解釈は正しいと思われていた。

ところが、「キエンギ」は「キエンギル」という語の末尾の子音が落ちた語との説が有力となり、現在ではこの説が受けいれられている。では「キエンギル」とはなにかと問われる

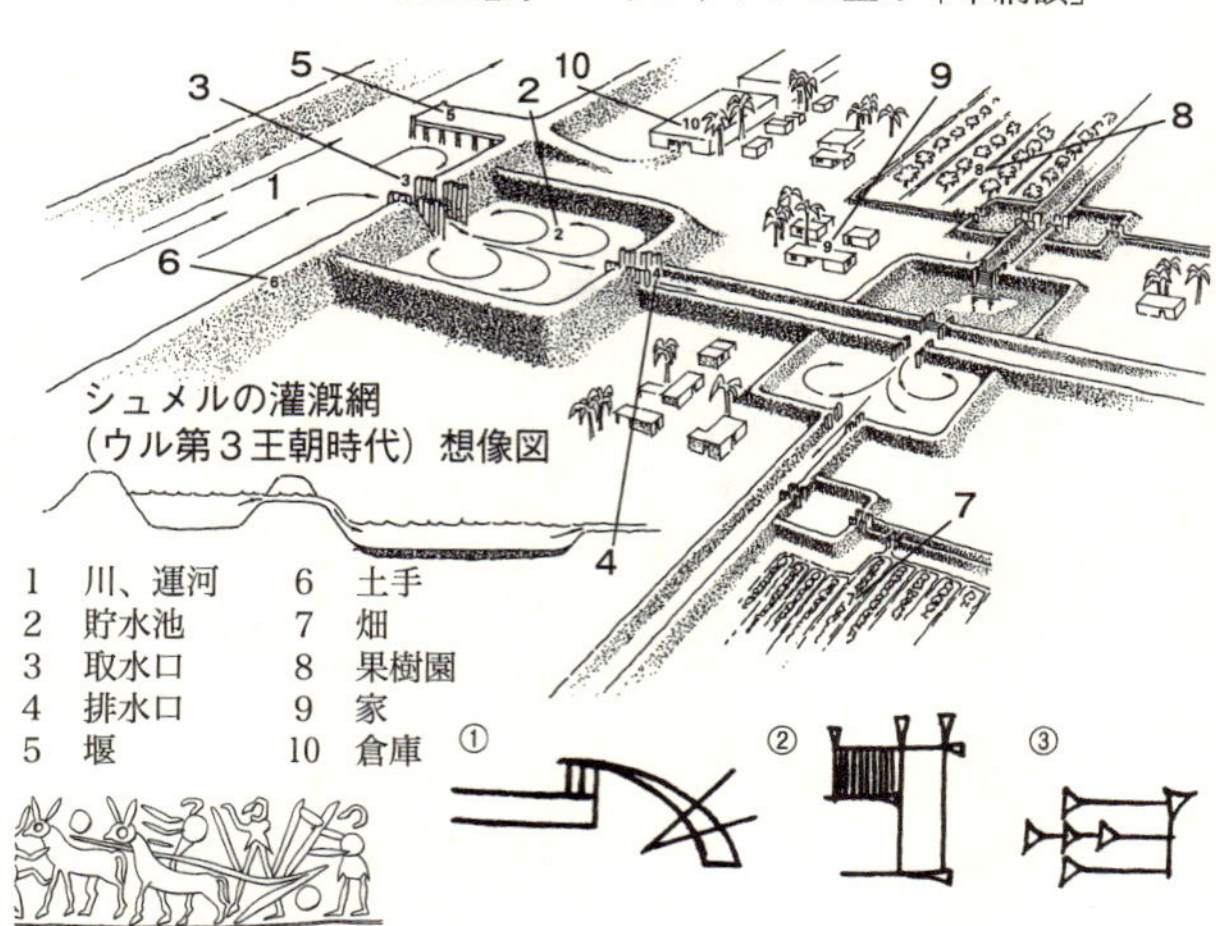

シュメルの灌漑網（ウル第３王朝時代）想像図

条播器付きの犂
前2400年頃の円筒
印章印影図（部分）

犂apinの文字
①古拙文字　②前2400年頃の楔形文字
③前1000年紀の楔形文字

と、特定できない。昔のことを知ることは難しい。

灌漑農耕社会の王

ウルナンシェ王は灌漑農耕社会の支配者であった。

シュメルは暑い土地である。メソポタミアの平野部（現在のイラク）では、七月、八月の暑い時には昼間は気温が五〇度にもなり、夜になっても三〇度ぐらいはある。

メソポタミア南部の年間降雨量は一五〇ミリメートルと少ない。天水農耕は無理で、灌漑が不可欠であった。河の水を利用して灌漑をすれば、沖積平野の肥沃な土壌は驚異的な大麦の収量倍率を生み出す豊饒を

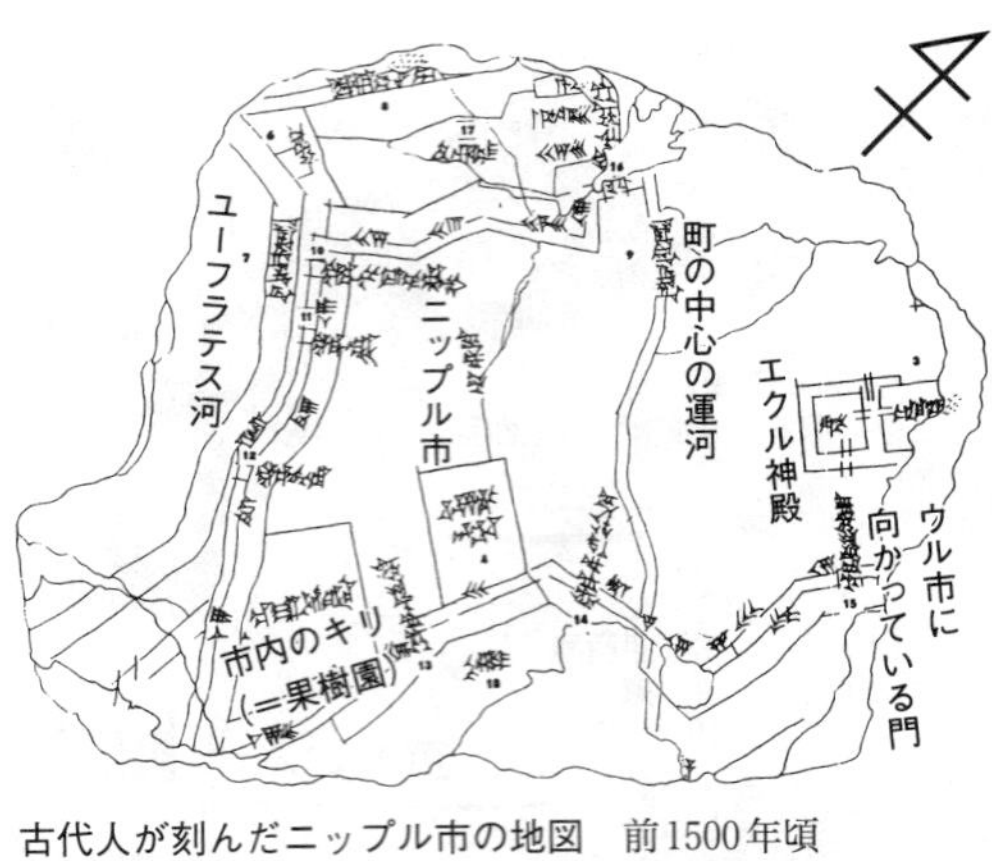

古代人が刻んだニップル市の地図　前1500年頃

約束された土地であった。だが、土地の豊かさにあぐらをかくことなく、シュメル人は牛に犂(すき)をひかせ、種をまくにも条播器(じょうはき)を使うなどの工夫をし、進んだ農業技術を持っていた。

こうした努力の結果もあって、ウルナンシェが支配していた時代から一五〇年ぐらい後の前二四世紀中頃には、ラガシュ市では大麦の収量倍率が七六・一倍、つまり一粒の大麦が七六・一粒になった。多分ウルナンシェが王であった頃にも同じぐらいの大麦が収穫できたにちがいない。この豊かさがあったから、ウルナンシェは神々の像を作り、神殿を建てる大事業ができた。ちなみに九世紀初めの北フランスの荘園では麦類の収量倍率は二倍程度という説がある。もしこれの数倍の収量があったとしても、シュメル人には到底及ばない。

なお、ウル第三王朝時代になると、土壌の塩化によって収量倍率は三〇倍に下がってしまう。

特異なラガシュ市

シュメルの都市国家を眺めると、都市の形状はそれぞれ異なる。

ウルク市（現代名ワルカ）は大きく、ほぼ円形で、全長約九・五キロメートルの城壁に囲まれていた。

ニップル市は運河が都市の真ん中を流れて二つの地区に分かれ、周囲は長方形の城壁に囲まれていた。一九世紀末の発掘で、ペンシルヴェニア大学が発見した粘土板に描かれた地図は前一五〇〇年頃のニップル市の地図で、実際の発掘作業に利用されたほど正確であった。

鳥と魚を掌るナンシェ女神　鳥に腰掛け、右手に魚を持つ

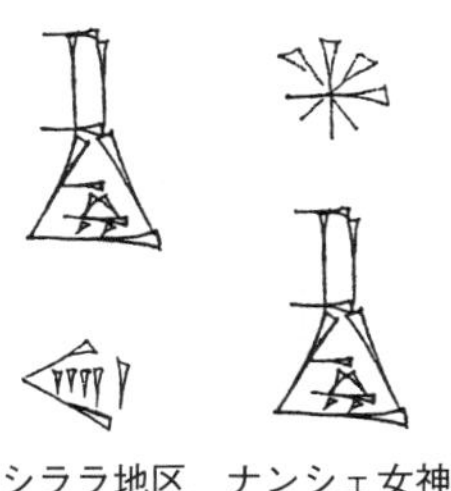

シララ地区　ナンシェ女神
sirara[ki]　[d]nanše

$eš_3$「聖所」の中にku_6「魚」がはいった文字の前に神であることを示す限定詞dingirがつくと「ナンシェ女神」を表す。同じ文字の後に土地を示す限定詞kiがつくとシララ地区を表すことになる

ラガシュ市は複数の大きな地区からなる都市国家で、この点でシュメルの都市国家の中では特異な存在であった。各地区は一定の距離を置いて存在した。ギルス、ラガシュ地区にはそれぞれ城壁が造られ、シララ地区（現代名スルグル）にも存在したらしい。ギルス、シララは独立国家と呼べるくらい大きかった。

ラガシュ市のそれぞれの地区には次のような守護神がいた。

ギルス地区　　ニンギルス神
グアッバ地区　ニンマルキ女神
シララ地区　　ナンシェ女神
ラガシュ地区　バウ女神

それぞれの守護神の神殿には、神事を専門としないサンガと呼ばれる最高行政官がいて、王はサンガ職を通じて全地区を支配した。

「真の王」は神

神々の中でもギルス地区の守護神ニンギルス神はラガシュ市全体の都市神でもあった。都市神とは都市を守護する最高神で、日本人にはなじみのない神だが、日本の地域を守護する鎮守神に似た神といえる。シュメルの都市国家はそんな都市神を祀る神殿を中心に形成された。

たとえば次のような都市神が知られていた。

ウル市	ナンナ（ル）神	月神
ウルク市	イナンナ女神	豊饒神、戦の神
エリドゥ市	エンキ神	水神
ニップル市	エンリル神	大気神
ラガシュ市	ニンギルス神	農耕神、戦の神
ラルサ市	ウトゥ神	太陽神

エンリル神はシュメル全土の最高神で、ニップル市の都市神でもあった。都市神こそが都市国家の「真の王」とシュメル人は考えていた。大いなる神は個々の都市国家で都市神として祀られ、同時にそれぞれの属性の故にも崇められていた。

ウルナンシェはラガシュ市の王であったが、理念上は都市神ニンギルスこそがラガシュ市の「真の王」であった。人間の王ウルナンシェは正しく神を祀ることで、豊饒を招く務めを果たすことができた。

弓を持つニンギルス神、山上に立つイナンナ女神（イシュタル女神）、山の間から登ってくるウトゥ神（シャマシュ神）、肩から魚が泳ぐ流水が出ているエンキ神（エア神）とその双面の従者イシムド神（ウスム神）　書記アドダの円筒印章印影図　（　）内はアッカド語名　アッカド王朝時代

ナンナ神　ウル第３王朝時代のウルナンム王の碑

世襲王朝の成立

ラガシュ市にはウルナンシェ王以前にも「ルガル（＝王）」を称したエンヘガル、ルガルシャエングルの二人の王がいたが、この二人の王は自分の子供に王位を継がせることができなかったようだ。一方、ウルナンシェ王は自分の子孫たちに王位を継承させることに成功した。ウルナンシェを初代とし、アクルガル、エアンナトゥム（前二四五〇年頃）、エンアンナトゥム一世（前二四三〇年頃）、エンメテナ（かつてはエンテメナと読まれていた）（前二四〇〇年頃）そしてエンアンナトゥム二世と、六代約一五〇年間にわたる父子相承の世襲王朝で、「ウルナンシェ王朝」

とか「ラガシュ第一王朝」と呼ばれる。

ウルナンシェ王朝終焉後のラガシュ市ではウルナンシェ王家の傍系と思われるエンエンタルジ、ルガルアンダ父子が支配したが、ルガルアンダはウルイニムギナ（あるいはウルカギナ）に王権を簒奪（さんだつ）されてしまう。

ウルナンシェ王の王碑文

読み手は神

ウルナンシェ王とその後継者たちは自分たちの正統性を表すために王碑文を残した。王碑文は王の功業を記録し、誇示することを目的として書かれた。そこで、王碑文は現代の資本主義社会では欠かせない、「コマーシャル」「宣伝文」の元祖であるともいえる。

王碑文は三人称で書かれている。これは昔の日本でいえば「祐筆」つまり秘書にあたる本職の書記が王のために記録したものである。当時の識字率は低く、民衆のほとんどが王碑文を見ても読めなかった。そもそも王自身も文字の読み書きができるとは限らなかった。

それではシュメルの王たちは誰に自らの功業を知ってもらいたかったのだろうか。同じ宣伝文でも今とは異なり、王碑文冒頭には神の名前があげられていることが多く、まずは神々にお読みいただくためであった。

初期王朝時代のラガシュ市の王統（概略）

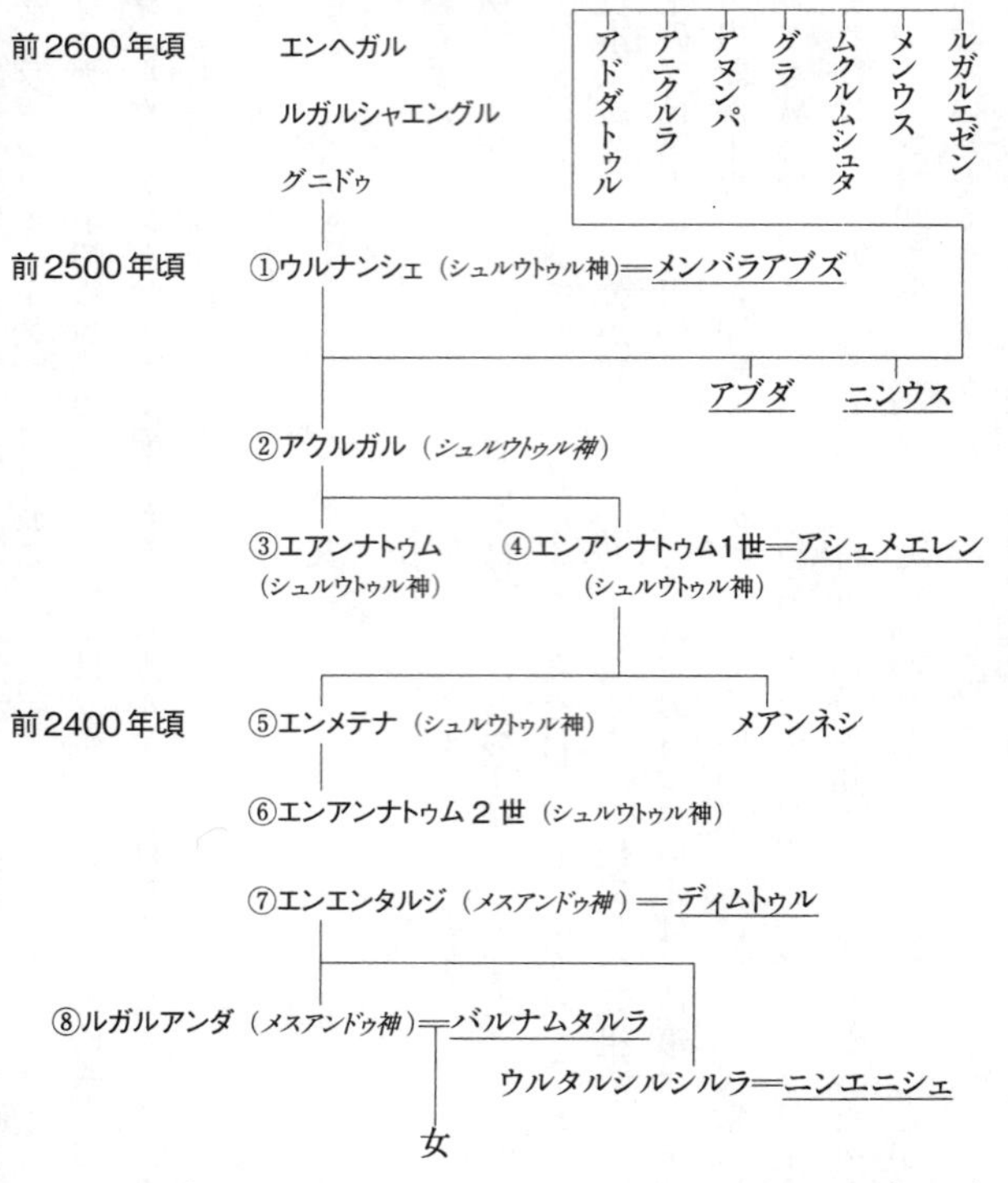

ゴシックは王
下線付きは女性
（　　）内は個人神　*イタリック*は推測

王の務め

王はなぜ神々に自分の功業を知ってもらう必要があったのだろうか。

シュメル都市国家の王の務めは自らが支配する都市国家に豊饒と平安をもたらすことであった。民を飢えさせることなく暮らさせ、同時に民が敵に脅えることのないように自国を守ることは王が果たすべきことだった。

初期王朝時代ラガシュ市の王は忙しかった。軍事権や祭儀権を握り、戦争や交易などの対外関係一切も王が取り仕切った。また、神殿建立などの慶事に債務奴隷を解放するといった、市民に自由を与えるなどの内政も王の権限の一部であった。現代でいうと、首相と商社社長そして神社の神主を兼ねるようなものである。

大きな権力を保有していたが、その財政的基盤は都市の全住民に課す人頭税や、地税ではなく、王家の家産制的経営にあった。ちなみに世界史の中で、家産制の典型といわれるのは日本やヨーロッパにおける中世の領主制である。

王は穀物がよく実り、家畜が仔を多く産むことを保証してもらうために、神々を正しく祀ることにも心をくだき、神像を作り、神殿を建てた。豊作をもたらすためのバイオテクノロジー（生物工学）のような科学知識のない時代に生きるシュメル人は、ひたすら神頼みにならざるをえなかったのである。

ウルナンシェ王は神々のお覚えがめでたいように、碑文に「A神殿を建てた」「B神(像)を生んだ(=作った)」という表現を次のように繰り返した。

エナンシェ神殿を建てた。力強いナンシェ女神(像)を生んだ(=作った)。エシュギルス聖所を建てた。シュルシャガ〈ナ〉神(像)を生んだ。イブガル神殿を建てた。ルガルウルトゥル神(像)を生んだ。ルガルウルカル神(像)を生んだ。キニル神殿を建てた。

神殿の内部

薄暗い神殿の内陣中央には木製(タマリスク〈御柳〉の木など)のご神体が祀られていた。

衣服奉献がおこなわれ、神像には衣服が着せられ、時には着せ替えをし、神像を水浴させることもあったようで、剃髪した神官たちがまめまめしく仕えていた。さまざまな供物が奉げられ(五七頁参照)、杉などの香が焚かれていた。

ご神体の近くには、「祈願者像」が並べられていた。世俗の人間たちは毎日神殿に参ることはできない。そこで身替りに小さな石像を作り、時には像に願い事を彫って神殿に納めた。神殿を発掘すると、この石製の「祈願者像」が出土するが、一方ご神体は木製であった

子供（左、上下）と犬（右）の足跡

神前では香が焚かれていた　円筒印章印影図　アッカド王朝時代

楕円神殿想像復元図（カファジェ遺跡）

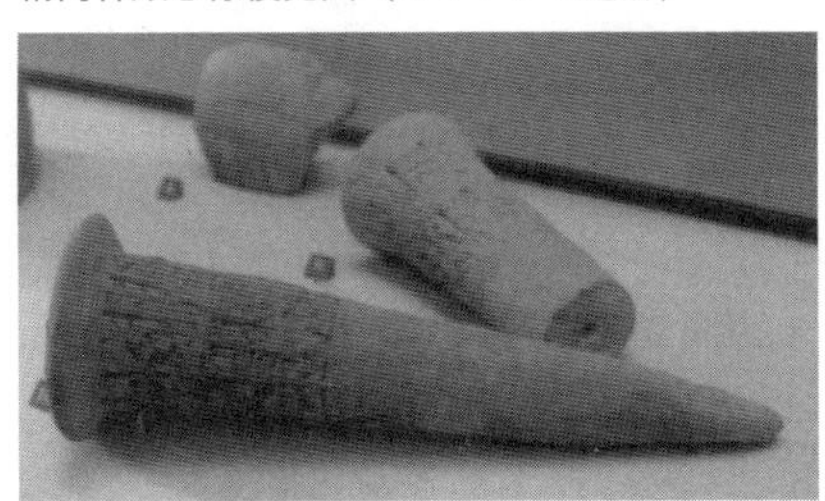
粘土釘　ルーヴル美術館蔵

ウルナンシェ王の定礎埋蔵物の釘人形

犠牲を運ぶハイエナとお神酒を運ぶライオン　竪琴前面のパネル象嵌細工（部分）　ウル王墓出土　この図にもとづいて下の神官たちは描かれた

神殿内陣想像図　薄暗い内陣の中央に大きな女神像　左手前とその奥に「祈願者像」が並び、２人の神官が犠牲とお神酒を運んでくる

ので焼けたり、あるいは朽ちてしまったのであろう。メソポタミアからは一体も出土していない。

ところで、シュメルの庶民は神殿にはいれたのだろうか。神殿の建物の中にはいることはできなかったようだが、境内にははいれた。というのは、ディヤラ河流域のカファジェ（古代のトゥトゥブ市）遺跡の楕円神殿を発掘した際に、境内から初期王朝時代の大人や子供の裸足の足跡、そして羊や犬の足跡が発見された。犬はご主人様にくっついて来たのかも知れないし、羊は犠牲に捧げるために引いて来たのであろう。庶民にとっては建物の中にはいることは恐れ多く、境内にはいれるだけでもありがたかったにちがいない（四五頁想像復元図参照）。

神殿からは粘土板、粘土釘、煉瓦、軸承石、定礎埋蔵物などに書かれた、同一内容の複数の王碑文が発見されている。ことに円錐形の粘土釘は同一内容の王碑文がその周囲に書かれ、壁に多数打ち込まれていた。楔形文字が書かれた部分は壁の中に埋め込まれてしまうが、神に読んでいただくためだから、人間の目につかなくてもさしつかえなかった。そこで「A神のために、B王がC神殿を建てた」と書かれた粘土釘が発掘されれば、そこはC神殿ということになる。つまり、「神殿の表札」を発見したようなもので、神殿名を特定できるので、考古学者は大いに助かる。

こうした神殿建立や神殿への物品奉納についての簡単な記録ばかりでなく、王碑文の中にはラガシュ市とウンマ市との戦争について詳細に書いた歴史的記録などもある。

「正統な後継者」

自らの功業を建造物に刻みつけたのはウルナンシェのような古代世界の王だけではな

い。フセイン元イラク大統領はバビロン遺跡を修復し、「ネブカドネザル二世の手になるバビロン、サダム・フセインの世に再建される」（一九九八年［平成一〇年］四月二日『読売新聞』）と、修復を誇示するために、アラビア語で刻んだ多数の焼成煉瓦をバビロン遺跡の壁面に埋め込ませていた。

これはまさに「現代版の王碑文」である。ユダ王国を滅亡させ、領民の一部を強制的にバビロニアに移住させた「バビロニア捕囚」（前五九七、前五八六、前五八一年）で名高い新バビロニア王国第二代ネブカドネザル二世（前六〇四―前五六二年）にフセイン元大統領は自らをなぞらえて「アラブ世界の盟主」を自任していた。

遺跡に功業の記録を残すフセイン元大統領の意識は時代錯誤そのものと思うが、同時にこれは古代メソポタミア世界の王たちとまさに同じ行為で、元大統領はそういう意味では古代メソポタミアの王たちの「正統な後継者」といえる。

「ルガル」と「エンシ」

ウルナンシェは「ラガシュ市のルガル」を称した。シュメル語のルガルは「王」と和訳される。

シュメル語表現の「王」にはルガルのほかにエンとエンシがある。初期王朝時代のラガシュ市ではエンヘガル、ルガルシャエングルとウルナンシェがルガルの称号を使ったが、アクルガル以降ルガルアンダまではエンシを使っている。ウルイニムギナは治世初年にはエンシを称したが、治世二年目以降はルガルを使っている。

エンには「主人」「領主」などの訳語があてられる。三つの称号の中では最も古いようで、ウルク文化期やジェムデト・ナスル期はエンだけが使われていて、エンシやルガルの称号は見られない。

エンシはPA.TE.SIと綴ってエンシ $ensi_2$ と読むが、語源は不明で、「王」「支配者」と訳されている。

このエンシと、本来の意味が「大きい（ガル）・人（ル）」であるルガルとのちがいについては古くからさまざまな説が出されたが、初期王朝時代の都市支配者は各都市の伝統にしたがってエン、エンシおよびルガルの称号を使い、各称号の示す権力に大きなちがいはないようである。つまり、どの称号を使っても大差はなかった。

左からエン、エンシ、ルガル

成り上がり

ウルナンシェ王はルガルを称しているが、父親のグニドゥには王の称号はなく、このことからウルナンシェが王朝の開祖、つまり王に成り上がったことがわかる。
ラガシュ市の王碑文では、「王の名乗り」の中で父親が誰であるかに触れている。父親も王であるならば、くどい表現になるが、次のように王であったことを明記した。

エンアンナトゥム王（多分１世）　顔の前に「エンアンナトゥム、ラガシュ市のエンシ」と書かれている

ラガシュ市のエンシ、ナンシェ女神の心で選ばれ、ニンギルス神のエンシガル（神官）、イナンナ女神により良き名を与えられ、ルガルウルブ神により生み出されし子で、ラガシュ市のラガシュ市のエンシであったエアンナトゥムの愛するエンシであったアクルガルの子にして、兄弟であるエンアンナトゥムは……

ラガシュ市のエンシ、ナンシェ女神の心で選ばれ、ニンギルス神のエンシガルであり、ラガシュ市のエンシであったエンメテナの子であるエンアンナトゥムは……

前者はアクルガル王の子で、エアンナトゥム王の兄弟エンアンナトゥム一世で、後者は同名だが、エンメテナ王の子であるエンアンナトゥム二世になる。いうまでもなく、一世、二世は現代の研究者が同名の王を区別するために便宜上つけた。二つの文章ともに、王碑文の主語であるが、ことにエンアンナトゥム一世を権威づける美称(エピセット)がやたらと長い。メソポタミアでは王が自らを神格化することはあまりしなかったが、権威づけはやはり必要であって、「神を祀る王」として、こうした神名を入れた長い「名乗り」を王碑文に書かせた。

奉納額の絵解き

シュメル版「絵馬」

シュメルの「奉納額」は我が国の「絵馬」と同じ趣旨である。

祈願あるいは神への御礼のために、我が国では神社に「絵馬」を掲げる習慣がある。初めは生きた馬を神に奉献したが、後に絵に描いた馬つまり「絵馬」になったという。

そんな風に使われていたということがわかるのは、真ん中に穿(うが)たれた直径四・五センチメートルほどの孔にある。石の板に浮彫の図像を彫った「奉納額」は孔に木の棒を挿し込んで神殿の壁に掲げたようで、まさに我が国の神社の「絵馬」と同じである。

シュメル地方に石材はなく、石材は交易によりもたらされた。このような貴重な石の板に「家族の肖像」を刻むことができたのは、王の権力であり、経済力でもあった。

ウルナンシェ王の「奉納額B」

石灰岩　高さ23センチメートル　幅30センチメートル　ルーヴル美術館蔵

「奉納額」の図柄には祭儀の場面などが描かれるが、ウルナンシェ王は神々のために神殿を建立し、饗宴を開く、晴れやかな自らの姿とともに子供たちと寵臣たちの姿を刻んだ。約四五〇〇年昔に生きていた、個々の名前がわかる肖像をこれほど明白に刻んだ例はほかにはない。

「奉納額」B、C、D

「奉納額A」が一番有名だが、他にも三枚の奉納額をウルナンシェ王は残している。

奉納額は四枚とも石灰岩製で、ギルス地区から出土した。「奉納額」A、B、C、Dと呼ばれ、ルーヴル美術館にAとB、イスタンブル考古学博物館にCとDが収蔵されている。

四枚の中、Bだけは「肖像表現の展開・ルーヴル美術館特別展」（国立西洋美術館、一九九一年〔平成三年〕）開催で、我が国に招来されている。

以下で、三枚の「奉納額」を紹介する。

「奉納額B」

高さ二三センチメートル、幅三〇センチメートルと、四枚の奉納額の中ではもっとも小さい。

右端に立つ、ほかの人物より大きいウルナンシェ王は胸の前で手を組み、敬虔さを表している。ウルナンシェの背後には「奉納額A」にも登場した酒杯官アニタが瓶を持って控えている。「子供」と書かれているのはアクルガル一人だが、ルガルエゼンとグラもほかの奉納額で「子供」と書かれていることからウルナンシェの子供である。

バラサグヌディはほかの「奉納額」には見られないが、同じく「子供」かもしれない。

「奉納額C」

右半分が欠損しているが、高さ四五センチメートル、幅三〇センチメートルで、完全ならば幅が倍近くになり、「奉納額A」よりもかなり大きい。

残存部分の下段右端に瓶を持った酒杯官アニタの姿があるので、アニタのすぐ前にウルナンシェ王の大きな姿が刻まれていたはずである。

上段左端に刻まれたフルサグシェマフは分銅のついた天秤と思しき棒を肩にかついでいることからダムガル（シュメル語で「商人」の意味。ただし「商人」といっても王に仕える役

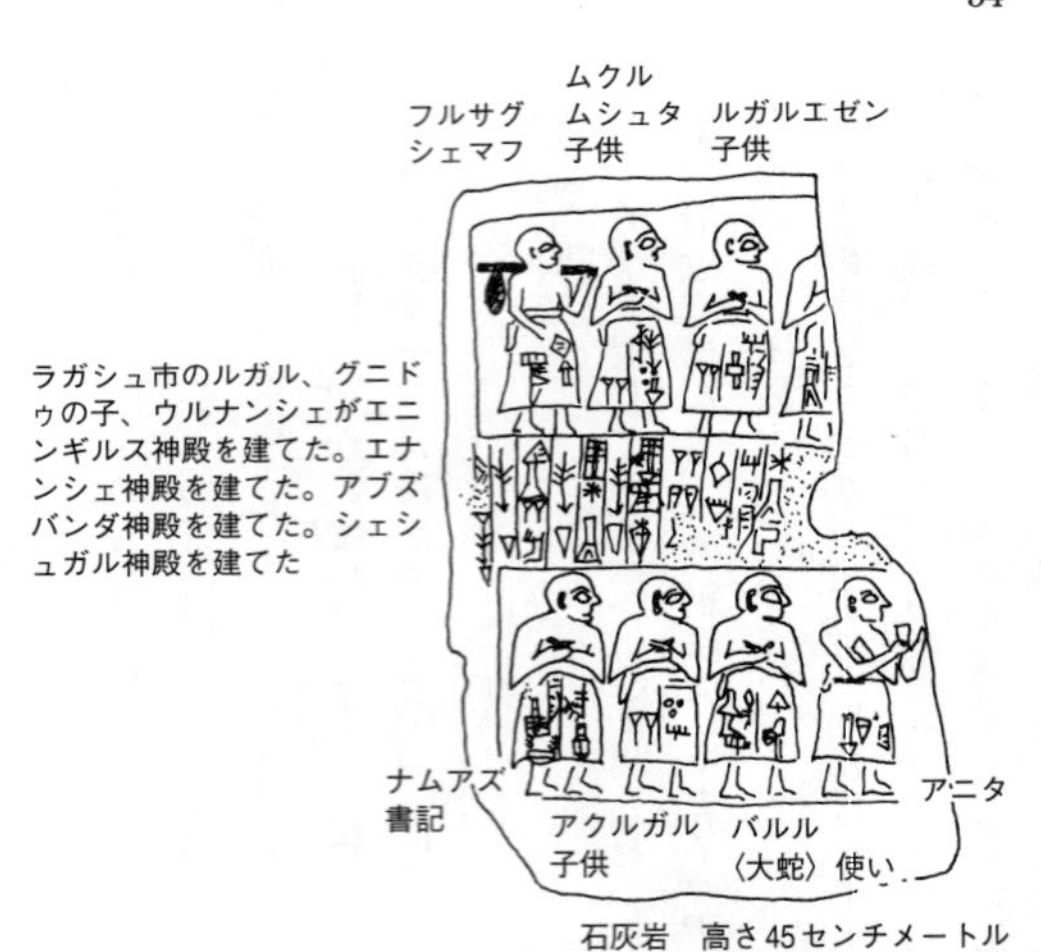

ウルナンシェ王の「奉納額C」

人であった）であろう。読者はこのフルサグシェマフを覚えておいてほしい。次の章でも登場する。

「奉納額D」

下の方が欠損しているが、高さ四三センチメートル、幅四九・五センチメートルと、「奉納額A」よりも一回り大きい。ウルナンシェ王は「奉納額A」と同様に、頭に煉瓦をいれた籠を載せて左上方に立っている。

下段先頭に立つ小さな人物は王の側で瓶を持っていることから、酒杯官アニタかもしれないが、名前の部分が欠損している。

子沢山の王

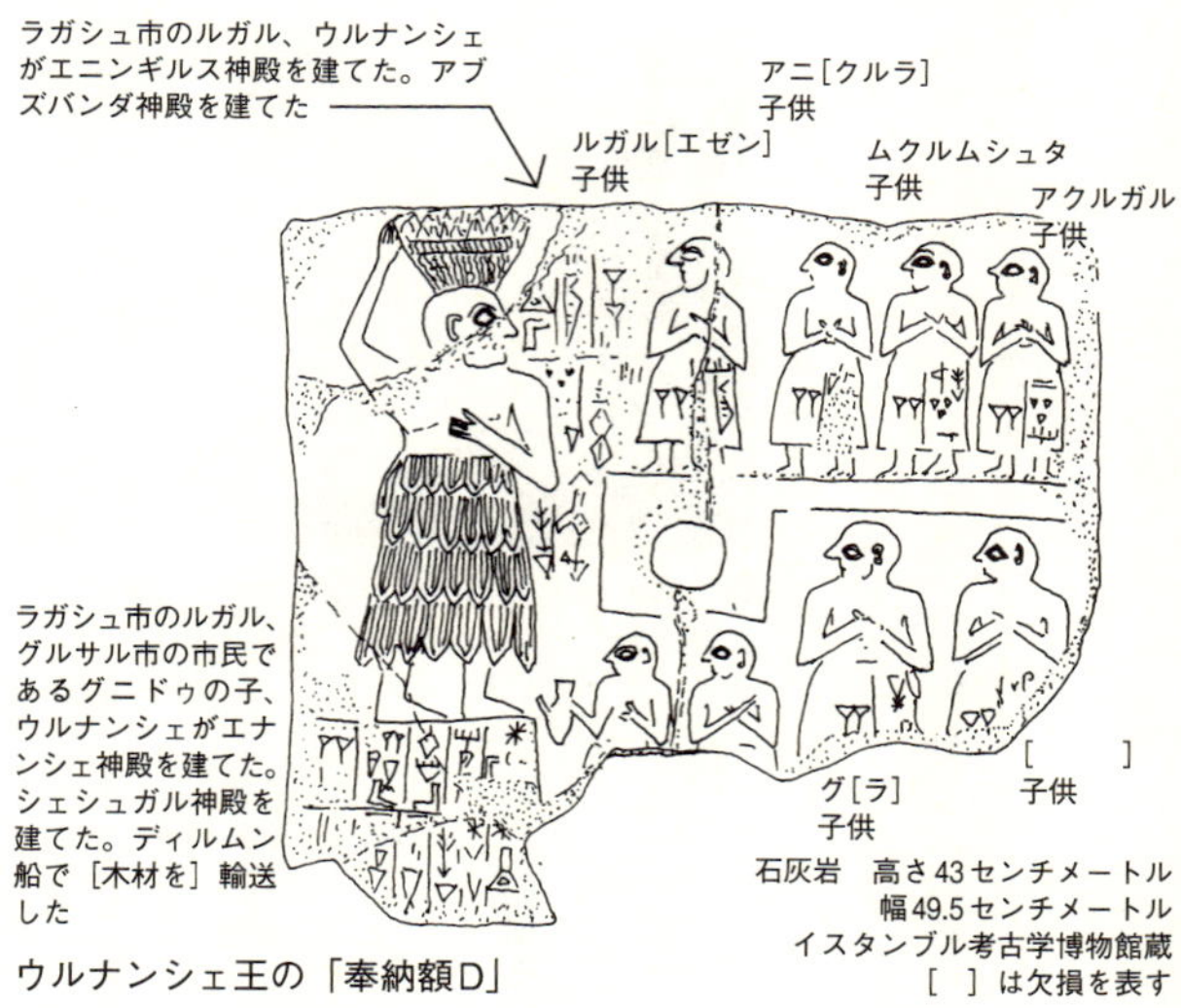

ウルナンシェ王の「奉納額D」

世襲王朝の王となれば、王の大切な仕事は子孫を残すことであった。幸い、ウルナンシェ王は子沢山であった。四枚の額を合計して、アクルガル、アドダトゥル、アニクルラ、アヌンパ、アブダ、グラ、ムクルムシュタ、メンウス、ルガルエゼンと少なくとも九人の「子供」を確認でき、さらに後で触れるが（七一頁参照）もう一人子供がいる。一〇人の子を一人の女性が産むことはありえるし、またわかっている限りでウルナンシェ王の妻は一人だが（七一頁参照）、ウルナンシェ王が複数の妻を持っていた可能性もある。

また、神殿を建立したことが記録されているが、ウルナンシェ王の「奉納

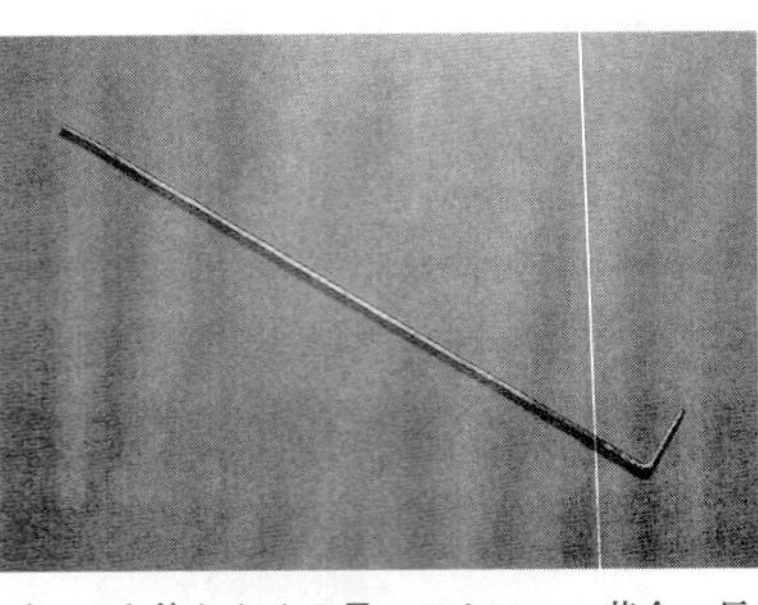

ビールを飲むための長いストロー　黄金　長さ123.4センチメートル　直径1センチメートル　プアビ后妃の墓から出土

額」四枚ともに「エニンギルス神殿を建てた」ことが書かれている。エナンシェ神殿、アブズバンダ神殿は奉納額A、C、Dの三枚に見られ、シェシュガル神殿は奉納額C、Dに共通している。

杯を手にした王

「奉納額A」の右下の方には杯を手にしたウルナンシェ王が刻まれている。これは饗宴に臨む姿である。神のために働き、神を正しく祀ることはシュメルの王の大切な務めであった。饗宴は俗事ではなく、神事であった。神事ではあっても、飲んだり食べたりすることは人間にとって楽しいことである。

杯の中はビールであろう。ストローを使って飲むときはビールで、ストローを使わない場合はなつめやし酒だという。だが、神事となればお神酒であり、シュメルのお神酒はビールであった。この「奉納額」には表現されていないが、神饌（しんせん）はお神酒だけでなく、実際には食物も並んでいたはずである。

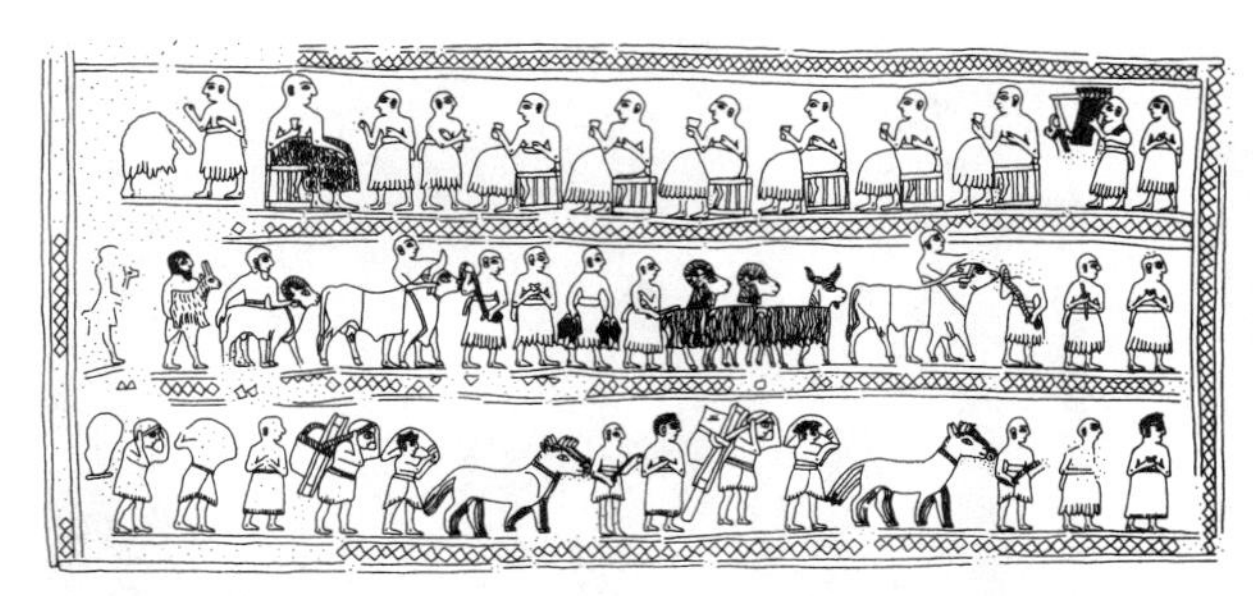
「饗宴の場面」　ウルのスタンダード　大英博物館蔵

神々への供物

ラガシュ市のエンエンタルジ王以降三代にわたって、「后宮（こうきゅう）」（后妃の組織）から神々へ供物が支出されたことを記録した会計簿がある。シュメルの神々が召し上がる食物となれば、それはふだんシュメル人が食べていた食物である。穀物の粉、大麦、ビール、パン、油、なつめやし、いちじく、りんごなどの植物性の飲食物のほかに、魚、羊、山羊などが供えられた。

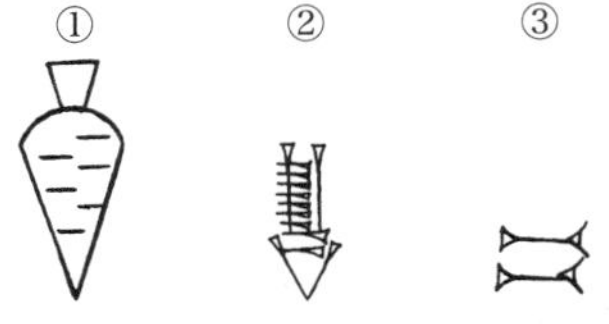

ビール　kaš　ビールがはいった容器の象形
①古拙文字
②前2400年頃の楔形文字
③前1000年紀の楔形文字

宴会想像図　左から３人目のしゃがんだ男性はストローでビールを飲んでいる。ぽっちゃりした女性の姿も３人見え、楽しげなシュメルの世俗の宴会

①

②

③
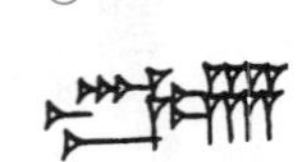

豚šahの文字
①古拙文字
②前2400年頃の楔形文字
③前1000年紀の楔形文字

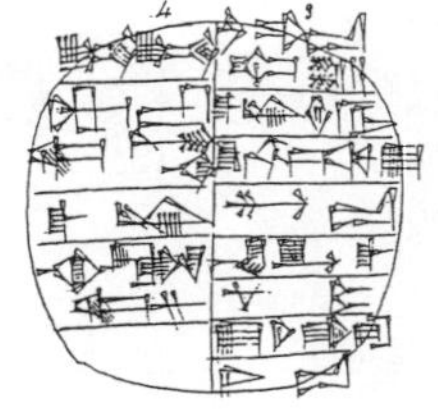

海の漁師が魚を持ってきた記録　１欄１行目タル魚、２行目ギル魚の干物、３行目シェスフル魚の干物、４行目キカサル魚と書かれている

日本人は魚を好むので、神饌となれば「尾頭付き」である。鯛は姿形色が良く、味も上等と、神饌にはもってこいの魚である。シュメルでも「尾頭付き」で、「ウルのスタンダード」の「饗宴の場面」（カバー図、前頁上図参照）では「尾頭付き」の魚類を運ぶ場面（中

食べないで見とれていた男性がいたにちがいないヌード女性の形のパン（模型）とパン型　高さ23センチメートル　マリ市出土　前2000年紀前半

元祖「たいやき」　魚の形をしたパン（模型）とパン型　長さ29.5センチメートル　マリ市出土　前2000年紀前半

段真ん中あたり）が表されている。

動物の中でも牛は重要な牽引獣であるから、羊や山羊のようにしばしば犠牲とされることはない。だが、大神たちにはまれに牡牛が捧げられることはあった。

後にユダヤ教やイスラム教では食べることを禁じられた豚を、シュメル人は食べたが、奴隷女に食され、犬の餌にもなる豚肉は上品とはいいがたく、神々も好まなかったようで、豚を犠牲に捧げた記録はない。また、鳥肉も食べられていただろうが、ラガシュ市の「后宮」から神々への犠牲に支出はしなかった。

豊かな食生活

前で話したように、シュメル地方は麦が豊かに実る土地で、その麦からパンとビールを作った。パンにはさまざまな種類があった。ある語彙集

お神酒を注いでいる全裸の神官

剃刀　銅の合金　ウル王墓出土　長さ8.4センチメートル

には「白い油入りのパン」「黒い油入りのパン」「ごま油入りのパン」と約九〇種類ものパンが列挙されている。窯に張りつけて焼いたパン（一三三頁参照）が日常は食べられていたが、形の面白い特別なパンもあった。前二〇〇〇年紀前半のマリ市（現代名テル・ハリリ）の遺跡からはパン型がいくつか出土した。その中の二つをここに紹介するが、こうしたパンが焼かれるのは祭礼などの特別の時であっただろう。

ビールも「黒ビール」「強精ビール」「甘いビール」など、これもかなり多くの種類があり、さらになつめやしからも酒を作っていた。

なつめやしは酒にするほか、蜜も作られ、干したなつめやしは旅の携行食品ともなった。いうまでもなく、シュメルには砂糖はなく、あまいものはなつめやしや蜂蜜であった。りんご、いちじく、ぶどうなどはそのまま、あるいはジャムやジュースに加工されたようだ。ミルクは牛だけでなく、羊、山羊からも搾乳し、バター、チーズのような乳製品も作られた。畑にはたまねぎ、きゅうり、レタス、にんにく、かぶなどの野菜が栽培され、ひよこ

カファジェの楕円神殿で全裸の神官たちが建物の中に供物を運び込む想像図

豆やレンズ豆はスープにして食卓にのぼった。

剃髪の理由

四枚の「奉納額」に刻まれている人物は、「奉納額A」に見られるアブダとアクルガル以外は、ウルナンシェ王も含めてすべて剃髪した姿である。

シュメル人男性は常時誰でも剃髪していたように思われるが、これは間違いである。当時、はさみはない。髪は弾力があるので小刀で切るのはけっこう大変で、剃るとなればなおのこと厄介である。よほど切れ味の良い剃刀(かみそり)でもないと、怪我をする。しかも小刀や剃刀は鉄製ではなく、銅か青銅である。痛い思いをしてまで剃髪をする利点は考えにくい。

実際シュメルでは神官は剃髪していたが、一般の男性は剃髪していなかったようだ。ウルク文化期の円筒印章などの図柄に見られる「王の肖像」は被りものをし、その下から髪が出ている。また、「ウル王墓」から出土した黄金製「メスカラムドゥグ王の冑」は後頭部に髷をつけた形である。「エアンナトゥム王の戦勝碑」では兵士の冑の下から髪の毛が出ている。「祈願者像」にも髪のある男性像が含まれている。

では、なぜ「奉納額」では剃髪して表現されているかといえば、神事にかかわる場面だからである。また、神官は剃髪し、しばしば全裸で表現される。神官は年がら年中全裸でいるわけではなく、また女神官は着衣の姿であって、裸になることはなかったようだ。男性神官が全裸になるのは特別の祭儀であった可能性もある。

さまざまなカウナケス　男物（右）　女物（左）

「カウナケス」を巻く

ウルナンシェ王が腰に巻いている布は「カウナケス」と呼び習わされている。この呼称は二世紀頃のギリシア人の修辞家ポルクスの文書に由来するという。カウナケスは厚ぼったい毛房が垂れ下がるように施された織物、あるいは羊の毛皮で、彫像で見る限りでもさまざまな種類があり、重層の毛房のあるカウナケスを巻いているのは王であった。

腰衣は背後で結んだようで、丸彫像の背後には結んだ紐を表現した突起（一二〇頁写真参照）が出ている。男性は通常は腰衣だけである。

一方、女性は両肩あるいは左肩に布をかけ、慎み深く巻き布で身体を覆い、胸をあらわにすることはなかった。

大麦を食べた羊

ラガシュ市の「后宮」の会計簿に羊についての詳細な記録がある。「羊毛用」に飼われていた羊がいて、改良もおこなわれていた。たとえば良い羊毛を得るために大麦を羊に食べさせていたようで、「大麦を食べた羊の（毛製の）毛布」のような記録もある。

シュメルでは大麦がよく実っていたので人間が食べてもなお余り、牛や羊、豚などの家畜の餌にもなった。羊毛は櫛（くし）ですき、棒で叩くなどのさまざまな加工がおこなわれ、赤色や黒色などに染めたりもした。当時、まだ木綿はなく、気温の高い場所でよく羊毛を着ていたと想像されるが、じつはサマーウールは素肌に心地よく、夏でも快適なことをすでにシュメル人も知っていたようだ。

腰に巻くカウナケスだけではなく、「外套」や「儀式用の服」などの言葉があることから、シュメル人の衣服の種類は多かったようだが、衣服の実物は残っていない。

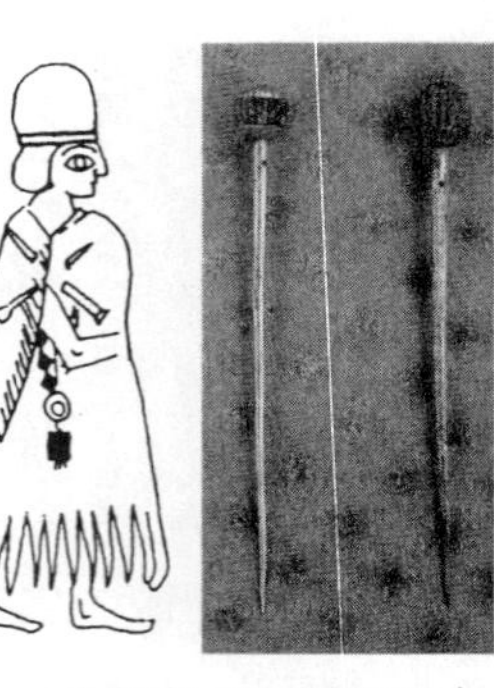

ショールをピンでとめている女性（左）　ピンから護符とアクセサリーを兼ねた円筒印章をぶら下げている。２本とも黄金やラピスラズリなどを使った高価なピン（右）長さ17.3センチメートル　ウル王墓出土

　前二二世紀中頃にラガシュ市を支配したグデア王の時代にはカウナケスは廃れてしまったようだ。数多く残っているグデア王の像はもうカウナケスを巻いてはいないが、同時代の円筒印章の図柄などに登場する神や女神の衣服としては存続していた。

ドレス・メーキング

　羊毛以外には、亜麻で衣服が作られた。亜麻栽培は灌漑を必要とし、繊維のほかに亜麻仁油も利用した。ラガシュ市では自国で亜麻栽培をする一方、ディルムン（現在のバーレーン島からファイラカ島の地域）から輸入もしていた。

　亜麻布ができる過程は前二〇〇〇年紀前半に書かれた、ニップル市出土の牧畜神と農耕神の論争を主題にした神話『ドゥムジ神とエンキムドゥ神』からたどることができる。

　イナンナ女神は兄弟である太陽神ウトゥから牧畜神ドゥムジと結婚するようにすすめられるが、イナンナは農耕神エンキムドゥと添いたいと心に決めていた。

　そこで牧畜神ドゥムジは、亜麻よりは羊毛の衣服、なつめやし酒よりもミルク、豆よりもチーズと、農耕よりも牧畜で生み出される製品の方がずっと優れていることを次々にあげて、イナンナに詰め寄る。

　こうした話の中で、亜麻が衣服になるまでの過程が次のように書かれている。

栽培された亜麻が熟すと、梳（くしけず）る。梳った後で、紡ぐ。紡いでから、二重に撚（よ）って、織る。織った布は裁断される。だが、「縫う」過程は書かれていない。

　このことから当時の衣服は縫わなかったことがわかる。シーツのようなたっぷりした布を身体に巻きつけて、ピンでとめていた。

　短い方の縁には房飾りがついていた。シュメルのみならず古代オリエント世界にはボタンやファスナーはなく、代わりにピンが使われた。西アジアの諸遺跡からはさまざまな形をしたピンが出土している。

　機織（はたお）りはジェムデト・ナスル期の円筒印章の図柄にも見られ、機織女たちが水平機を使っていた。

「油あふれる」ディルムン

「奉納額A」に「ディルムン船で外国から木材を輸送した」と書かれ、「奉納額D」にも「ディルムン船で［木材を］輸送した」とほぼ同じことが書かれている。

ディルムンはウバイド文化の影響を受け、早くからメソポタミアと関係があった地域で、ペルシア湾に浮かぶ島バーレーンとファイラカ島周辺にあたる。現代のバーレーンは天然真珠の採取と沿岸漁業が盛んだが、それ以上に産油国としてよく知られている。

文字dilmunはi_3「油」とtuk「持つ」の組み合わせでできているが、「油持つ（＝あふれる）（国）」つまり「ディルムン」を意味した。シュメルで「油」といえば、普通は亜麻仁油を指すが、ここでの「油」は石油を指していた可能性がある。シュメル人もまた石油のことを知っていたようだ。

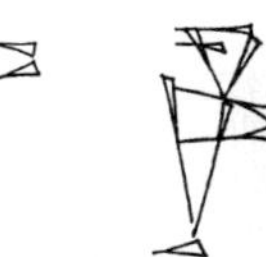

dilmun

tuk

i_3

また、ウルナンシェ王は煉瓦を入れた籠を頭に載せた姿で神殿建立を象徴しているが、神殿は煉瓦だけでは建設できず、梁材などには太くて長い木材が必要だった。そこで、ウルナンシェ王は木材をたぶんイラン方面からの中継貿易で、ディルムンを経由して運ばせたのである。

家族の肖像

シュメル人の家族

肩から角のある蛇が出ているニンギシュジダ神　ニンギシュジダがグデア王の手をひき、玉座の大神に執り成す。グデアの名前の下にいるのはニンギシュジダ神の前身にして、随獣のムシュフシュ
グデア王の円筒印章印影図

一夫一婦制が原則だった初期王朝時代のシュメル人の家族は、通常、一組の夫婦と子供たちからなる核家族で、家族の中心には家父長がいた。

ラガシュ市の文書には、家長、妻、寡婦、息子、娘、母、女奴隷、男奴隷の呼称が見られる。各家庭には一人あるいは多いところで三人の奴隷がいた。

父親が家父長で、男子が家父長権を相続した。家、菜園などの不動産、家具や奴隷などの財産は子供たちに分与された。

シュメルの父から息子へと伝えられたのは財産だけでなく、「個人神」も伝えられたようだ。

シュメル人は個人の守護神である「個人神」を信じ、大切にしていた。「個人神」は「人の運」を神格化したもので、人の身体の中にいると信じられていた。

大神は恐れ多く、王といえども人間は直接大神に祈願はできないので、「個人神」に執り成してもらうべきだとシュメル人は考えていた。この考えは後代まで引き継がれていった。

また、「個人神」は一柱とは限らず、ウルイニムギナ王はシュルウトゥル神とニンシュブル女神を、グデア王はニンアズ神とその子になるニンギシュジダ神の二柱とも「個人神」としている。

低位の神なので、普通は「個人神」の名前は知られていないが、ラガシュ市の王たちが王碑文に「彼の（個人）神はシュルウトゥル神」のように名前を書かせたので、ラガシュ市の王たちの「個人神」についてはわかっている。

ウルナンシェ王はシュルウトゥル神を「個人神」とした。ウルナンシェの息子で、第二代のアクルガルを除いては、ウルナンシェ王朝の五人の王たちの王碑文には「彼の（個人）神はシュルウトゥル神」と書かれている。アクルガル王の王碑文は残存数が少なく、「個人神」について書かれているものはないが、父ウルナンシェ、子エアンナトゥムと同様にアクルガルもまたシュルウトゥル神を「個人神」としていたと考えて間違いない。父から息子へと同じ神を「個人神」として継承していた。

なお、女性も「個人神」を持っていたと考えられる。だが、問題となるのは、女性は子供の時から生涯同じ「個人神」を持ち続けたのか、それとも結婚後は夫と同じ神を「個人神」

にしたのかである。

少なくとも妻は夫の「個人神」をおろそかにすることはなく、大切に祀ったようだ。ラガシュ市のルガルアンダ王の后妃バルナムタルラは夫の個人神と考えられるメスアンドゥ神にまめに犠牲を捧げている。

執り成しの神は「冥界の神」

古代の宗教では、一般的にいって個人の心の問題はさておき、共同体全体の安寧のために神々を祀ることが重要なことであった。シュメルでも都市神を筆頭とする神々を正しく祀ることは大切な王の責務の一つであった。

都市神の元来の属性は、たとえばウル市（現代名テル・アル・ムカヤル）の都市神ナンナは月神であるように、天文、天候などに関するものが多く、神々のために働く定めをもつ人間とは格別の隔たりのある恐れ多い大神であった。

一方、「個人神」になっている神々は「冥界の神」である。たとえばグデア王の「個人神」である

①　②　③

魚ku$_6$（上）と蛇muš（下）の文字
①古拙文字　②前2400年頃の楔形文字
③前1000年紀の楔形文字

ニンギシュジダ神はその名前が「真理の樹の主人」の意味で植物神であるが、同時に蛇神でもあった。ペルシア湾付近の湿原にはさまざまな蛇が棲み、蛇は魚とともにトーテム（ある集団の象徴あるいは守護神となる特定の動植物）とされていた可能性もあり、農耕民にとって蛇神は「冥界の神」にして現世利益の豊饒神である。

現世利益を願うことは悪いことではない。シュメル人はエジプト人のように実際には誰も見たこともない「あの世」のことを熱心に想像せずに、「この世」のことを大切にした。生きていくことは大変で、戦争があれば、災害もある。保険や年金などの社会保障制度のまったくないシュメル人の生活は明日のことはわからず、不安の連続であっただろう。神々に頼むしかなく、今生きている自分自身のために大神に執り成してくれる「個人神」を考えついたことはシュメル人にとっては安心立命の仕組みとなり、精神面での大きな進歩であった。

こうした「執り成す神」を考えついた背景として、すでにシュメル人の社会は人間関係が重層化し、さまざまな面で執り成し役を務める人間がいることで、社会が機能していたことを示している。

ウルナンシェ王の「妻の肖像」

子供たちや家臣ばかりでなく、ウルナンシェ王の妻の肖像もある。

ラガシュ市内のラガシュ地区から出土し、イラク博物館に収蔵された石灰岩の「碑」で、表面にイナンナ女神と考えられる図像が刻まれ、その裏面に四人の人物の浅浮彫が刻まれている。

上段に、ウルナンシェと「奉納額A」に見られる酒杯官アニタと思われる人物が刻まれ、「グニドゥの子にしてラガシュ市のエンシ（＝王）であるウルナンシェがイブガル神殿を建てた」と書かれている。ほかの王碑文ではウルナンシェはルガルを称していて、これがエンシを称した唯一の例になる。イブガル神殿はイナンナ女神を祀った神殿である。

メンバラアブズ（下段右）　ウルナンシェ王の「碑」（裏面）

下段には、向かい合って髪をたらした二人の女性像が刻まれ、衣服に名前が書かれている。右側は「ラガシュ市のエンシであるウルナンシェのダム（＝妻）、メンバラアブズ」である。シュメル語のダムは「配偶者」の意味で、男性名につく「ダム」ならば「妻」、女性名につく「ダム」ならば「夫」と和訳できる。

ウルナンシェ王の后妃で記録が残っているのはメンバラアブズ一人だけである。

左側は「［ラガシュ市の］エンシであるウルナンシェのドゥム（＝子供）、ニンウス」である。シュメル語のドゥムは「子供」の意味で、息子、娘どちらにも用いられるが、ニンウスはメンバラアブズと同じ髪型をしていることから当然娘である。

アブダ王女は女神官か

さて、本章扉「奉納額A」をもう一度見ると、頭上に籠を載せたウルナンシェに向かい合う人物の背後には「アブダ、子供」という名前が書かれている。

アブダは髪を長く垂らしている。ウルナンシェ王も含めて他の人々が上半身は裸で、腰の周囲にのみカウナケスが巻かれている姿であるが、アブダは肩から胸を覆う形の衣服をまとっている。すでに話したように、初期王朝時代の男性は平時は腰にカウナケスを巻くだけで、肩からかける形の衣服は女物である。

エンヘドゥアンナ王女（左から２人目）

アブダは「ドゥム（＝子供）」と書かれているのだから、ウルナンシェの娘で、四枚の「奉納額」に見られる唯一の女性である。ウルナンシェには妻もアブダ以外の娘もいたのに、「奉納額A」では皇太子アクルガルよりも前方で、大きい姿で刻まれている。古代美術で人物像の大きさはその人物の地位や身分に比例して大きく表現されることがあり、大きく表現されていることはそれなりの地位にあったと考えられる。ほかの「奉納額」には息子たちだけが表されているのに、なぜ娘のアブダは例外的に「奉納額A」に表されたのか。

アブダは女神官であった王女の最古の例ではなかっただろうか。アブダが女神官であったと考えると辻褄があう。

一六〇〇年ほど後のアッカド王朝初代サルゴン王の娘エンヘドゥアンナ王女はウル市の月神に仕える女神官であった。彼女以後も女神官となった王女は多数知られている。王女が女神官になる習慣はアッカド王朝において突然始まったとは思われず、アッカド王朝以前からのシュメル人の伝統を継承したのだと考えられる。

皇太子にアクルガル冊立

子供たちの中で、「奉納額」四枚すべてにその姿が刻まれているのはアクルガルとルガルエゼンの二人で、アクルガルはウルナンシェ王朝第二代王となる。

ほかの「奉納額」では剃髪した姿のアクルガルだが、「奉納額A」では頭髪を後頭部で束ね、手に長い注ぎ口のある瓶を持っているが、この瓶は酒杯官の瓶とは意味がちがう。

アクルガルがほかの王子たちの先頭に立って瓶を捧げる行為は、すでに王位継承が決まっていたこと、また小さく描かれているのは最年少、末子であったとも考えられている。

「奉納額」は神殿に掲げ、ウルナンシェ王が神殿を建立した報告を神々にご覧いただくことがまず第一の目的であった。そして王家の弥栄（いやさか）を祈る使命を帯びていたにちがいない女神官アブダ王女の姿が刻まれていることからも、ほかの三枚の「奉納額」に比べて、「奉納額A」は特別な意味があっただろう。

ウルナンシェは四枚の「奉納額」に合計八人の息子たちの姿を刻ませている。後継者に恵まれ、めでたいことだが、同時に誰を皇太子にするかは頭の痛い問題であったと思う。王家の支配を磐石にするためには自分の目が黒いうちに決める必要があり、熟慮の末にアクルガルを皇太子に冊立（さくりつ）したのであろう。

「奉納額A」を神殿に掲げることによって、アクルガルが王位継承者であることを神々に披露し、同時に人々にも知らしめたことは、父王ウルナンシェの賢明にして愛情あふれる行為であったかもしれない。

教育は人類不変の悩み

失敗した「帝王学」

ウルナンシェ王はアクルガルを手元におき、「帝王学」を授けたはずであるが、シュメルでは父が息子に授ける「帝王学」についての記録は残念ながら今のところ発見されていない。だが、後代には記録がある。

それは、バビロン第一王朝のハンムラビ王（前一七九二—前一七五〇年頃）によって滅ぼされたマリ市（現代名テル・ハリリ）から出土した手紙である。

即位当時のハンムラビ王も「臣下の礼」をとったといわれる、古アッシリアのシャムシ・アダド一世（前一八一三—前一七八一年頃）は息子の一人ヤスマハ・アッドゥ（前一七九六—前一七七六年頃）を武力で切り取ったマリ市の王に据えた。父子は手紙の往来で連絡をとりあったが、わかっている限りで父王は一三〇通もの手紙を出し、息子はわずか二〇通しか出していない。

宮廷にあって女性たちを侍（はべ）らせることを好む「不肖の息子」を心配して、父シャムシ・アダド一世が書き送った手紙には「捕虜の護送には充分な数の護衛兵をつけよ」「知事には最も優秀で、信頼に足るものを任ぜよ」「役人の補充人事は速やかにおこなうべし」などの為政者として心がけるべきことをこまごまと書き記したが、むだだった。

「子を見ること親にしかず」というが、シャムシ・アダド一世が死んだと知るや、旧マリ王家の王子ジムリ・リム（前一七七五—前一七六一年頃）が王位奪還を図り、ヤスマハ・アッドゥはマリから立ち退かざるをえなかった。名君シャムシ・アダド一世は領土拡大には成功したが、息子の教育には失敗した。

教育パパ

話がアッシリアやマリにそれてしまったが、ラガシュ市のウルナンシェ王は皇太子アクルガルに文字の読み書きや算術は仕込まなかっただろう。一般的に王や王子たちは文字の読み書きができなくてもさしつかえなかった。

その代わり、王に仕える書記つまり役人は文字の読み書きができなくては仕事にならず、書記になろうとする男の子たちは学校へ通わされた。シュメル社会のエリートである書記を養成する学校は厳しかった。

現代日本では子供の教育にはもっぱら母親がかかわり、「教育ママ」といわれるが、父親は仕事一筋で任せっきりのようだ。だが、シュメルではちがっていた。シュメルの父親は教育に熱心だった。

シュメルの母親たちのほとんどは文字の読み書きができず、一方で子供を学校へ通わせるような父親は文字の読み書きはできたであろう。必然的に、家では父親が息子の教育に気を配り、息子が学校から帰って来ると今日習ったことを報告させる「教育パパ」となった。

『学校時代』

「教育パパ」は「粘土板の家（シュメル語でエドゥブバ）」つまり「学校」を舞台としたシュメルの四つの文学作品のうち、二作品に登場する。

その一つで『学校時代』と呼ばれている作品では、先生に叱られてばかりいる生徒が先生を招いて接待してほしいと父親に泣き言をいい、親馬鹿の父親は不肖の息子のいうとおりに先生を接待すると、先生の態度がコロリと変わるという、少々あきれた話である。

江戸時代の川柳に「役人の子はにぎにぎをよく覚え」という皮肉な句があるが、子供の時

王宮内の学校（マリ遺跡）（上）　学校想像復元図（下）　マリ遺跡に残る長椅子や粘土板をいれる容器などから復元

から大人の接待を思いつくとはシュメルの生徒もなかなかのものである。大人の社会で接待がおこなわれていたことを子供ながら知っていたわけで、この子は役人になったら出世したにちがいない。

実際の社会に生きている人間は道徳の教科書に登場するような品行方正にして、清廉潔白な人間ばかりではない。人間は生きんがためには一つや二つは悪いこともするだろうし、ずるいところもあることをシュメル人も承知していた。こうした人間を扱った作品は学校でどのように教えられたのだろうか。先生がそれぞれの人生観に裏づけされた発言をしたにちがいなく、シュメルの教室を覗いてみたいものである。

なお、学校へ通ったのは男の子であるが、古バビロニア時代のシッパル市（現代名アブー・ハッバハとテル・エッ・デール）やマリ市には「女の書記」がいた。彼女たちも学校へ通ったと思うが、女子が通学したとしても、ごく少人数であったにちがいない。男の子ばかりの学校で教えられる教材としての文学作品には「不肖の息子」は登場しても、「不肖の娘」は登場しないのである。だからといって、シュメルの娘たちがすべて品行方正ということはないだろう。

『父親と放蕩息子』

もう一つの作品は『父親と放蕩息子』あるいは『書記と厄介息子』などと呼ばれている。

幾何の問題　古バビロニア時代

左側は先生が書いたお手本。右側は生徒がお手本を見て、書いたり、消したりした跡

また、この作品は元祖「非行少年」の話ともいわれている。

シュメルにも「非行少年」はいた。親は素直な子に育てたつもりでいるのに、いつの間にか悪い子になってしまった。親の嘆きを表していることわざがある。

悪い子を母親は生んだつもりはない。
（悪い子を）個人神は作ったつもりはない。

シュメルではなく、二一世紀の日本の話だとしてもおかしくはない。学校へいかずに渋谷や新宿のような繁華街で遊びまわっている息子を心配する公務員の父親の話だとしても充分通用する話である。

父親と息子との会話で始まるが、やがて父のかなりくどい小言と繰り言になる。

「お前はどこへいっていたんだ」

「僕はどこへもいっていません」

「お前がどこへもいっていないんだったら、お前はどうしてうろついているんだ。学校へいけ。先生の前に立って、お前の割り当てを暗唱しろ。お前のかばんを開け、粘土板に書け、助手にお前のための新しい粘土板を書いてもらえ。お前が割り当てを終えて、監督官に報告をしたら、私のところへ帰って来い。通りをうろつくな。お前は私がいったことをわかったか」

「わかりました。お父さんのおっしゃったことを僕は復唱しましょう」

「では、繰り返してみろ」

息子は父のいったことを繰り返したが、「一人前になれ。広場にたむろするな」「学校へいけ。それがお前のためになる」などと父親の小言はまだ延々と続く。父は昼夜息子のことで悩んでいるが、息子は昼も夜も楽しみでむだに過ごしている。

シュメルは家父長である父親の力が強く、父が犯した罪の故に子が奴隷に落とされることもあった。親のために奴隷に身を落とす孝行息子や孝行娘がいた一方で、学校へ通えるような裕福な家庭に育ちながら、親心を無にするような親不孝な息子たちもいた。

父は息子を学校へ通わせ、書記つまり役人にしたいと考えている。役人になれば生活が安定し、出世も可能だし、一生を安楽におくれるとシュメル人も考えていた。ところが、不肖の息子は学校へいかずに通りや広場にたむろしている。「親の心、子知らず」で、ついつい父の説教は長くなる。

この作品の最後は、父親が息子への加護を神に祈る「親心」で締めくくられている。

第二代王アクルガル

さて、父王ウルナンシェの願いどおりに息子アクルガルは第二代の王となった。アクルガル王の治世にはラガシュ市の国運は盛んではなかったが、恒常的な戦争状態でもラガシュ市は滅ぶことはなく、無事に王位を息子エアンナトゥムに継承できた。ウルナンシェの孫にあたる第三代エアンナトゥム王は「唐様（からよう）で書く三代目」どころか、なかなかのやり手で、この時期のラガシュ市は栄えた。

世襲王朝の王の大切な役目は血のリレーで、少なくとも息子の代につなげたアクルガルは最低限の役割を果たしたことになる。

『貞観政要（じょうがんせいよう）』によれば、唐王朝（六一八—九〇七年）の第二代皇帝太宗李世民（六二六—六四九年）は「創業は易く守成は難し」と語ったという。アクルガルが三〇〇〇年以上後代の同じ二代目のこの言葉を知ったら、多分「我が意を得たり」とにっこり頷いたであろう。

II　ラガシュ王奮戦記

エアンナトゥム王の丸石碑文
石灰岩　ルーヴル美術館蔵
サルゼックの発掘でラガシュ市のギルス地区から発見された。王の戦勝を讃えた王碑文が彫られている。丸石といっても真ん丸ではなく、たまご形をしている。シュメル人は粘土板だけでなく、「なぜこんなものに文字を書いたのだろうか」と研究者が首をかしげるようなものに記した例がいくつもあり、丸石もその一つである。一説によれば、丸石は神殿の厨房で使われる製粉用の石の形ではないかという

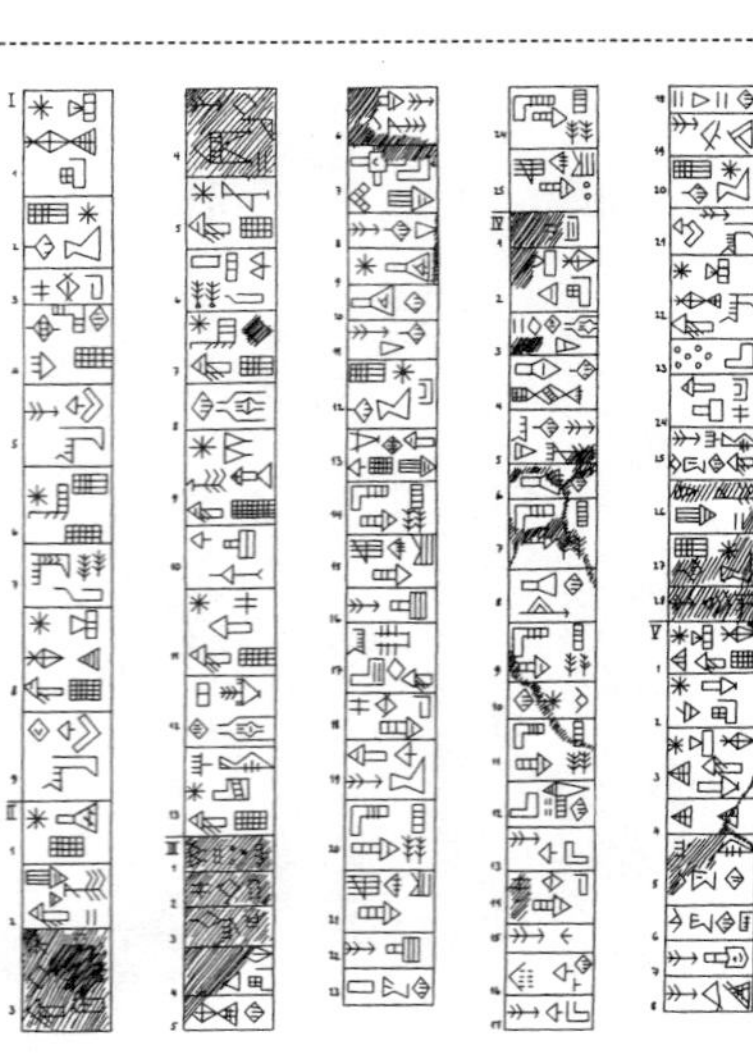

エアンナトゥム王の丸石碑文翻字一欄一行〜五欄八行　本章扉の写真のような状態では読めないので、「粘土板読み」と呼ばれる現代の学者が右のように碑文を手写する

エアンナトゥムは驚くべき山エラムを武器で倒した。その死骸の塚を築いた。ウルア市の章標とその先頭に立つエンシ（＝王）を武器で倒した。その死骸の塚を築いた。

ウンマ市を武器で倒した。その死骸の塚を二〇築いた。ニンギルス神のために彼が愛する耕地をグエディンナで取りもどした。

ウルク市を武器で倒した。ウル市を武器で倒した。キウトゥ市を武器で倒した。ウルアズ市を征服した。そのエンシを殺害した。ミシメ市を征服した。アルア市を破壊した。

（三欄一二行〜四欄一九行）

二方面の宿敵

東方にはエラム王国、北方にはウンマ市

前頁で紹介したエアンナトゥム王（前二四五〇年頃）の王碑文はたまご形をした石灰岩の「丸石」（本章扉写真）に刻まれた王碑文の全文とその翻訳（一部）である。この「丸石」には翻字したような長いシュメル語王碑文が刻まれていた。

この「丸石」が置かれた場所については後で触れる。

ラガシュ市、第三代エアンナトゥム王の生涯は戦いに明け暮れた。いざ戦争ともなれば自ら軍を率い、八面六臂、獅子奮迅の活躍をした。敵はシュメル地方の中にも、外にもいて、王は大変だった。ことに東方ではエラム王国、北西ではウンマ市（現代のテル・ジョハといわれているが、本格的な発掘はおこなわれていない）とは長く頻繁にラガシュ市は戦火を交えた。分立する都市国家があい争っていた時代に、ラガシュ市の王たちは、王としての責務を果たすためにいかに戦ったのだろうか。その一例をウンマ市と

スサ市（エラムの中心都市）の遺跡

ウンマ市の王統（本書登場人物のみ）

前2500年頃

パビルガルトゥク

ウシュ

エンアカルレ

ウルルンマ　　（エアンダムア）

　　　　　　　イル

バライルヌン　＝＝＝　ギシュシャキドゥ

　　　　　　　ウウ

　　　　　　　ルガルザゲシ

イタリック：女性
（　）王でない人物

の戦いから見てみよう。

后妃からたどるウンマ市の王統

さて、ラガシュ市の宿敵ウンマ市であるが、初期王朝時代末期に属す王碑文は少ない。しかし、ウンマのバライルヌン后妃が奉献物に書かせた次のような王碑文から部分的に王統をたどることができる。

エマフ神殿の王シャラ神のために。「すべての王」ギシュシャキドゥの妻、「すべての王」ウルルンマの子供（＝娘）、「すべての王」エンアカルレの孫（娘）、「すべての王」イルのエギア（＝義理の娘）であるバライルヌンが、シャラ神が栄光を示した時に、彼のために聖なる玉座を作り、（この奉献物を）彼女の生命のためにエマフ神殿のシャラ神に奉献した。

ウンマの王たちは「すべての王」の称号を好んだが、この称号には王の支配が一都市国家ウンマを越えてシュメル地方に拡大することへの期待を込めていたようである。

バライルヌン后妃は「おじいちゃん子」だったのだろうか。祖父の名前をわざわざ孫娘があげているのは、エンアカルレの孫であることが自慢の種だったからで、ウンマではエンアカルレは偉大な王と考えられていたのであろう。

バライルヌンは、父ウルルンマ王の兄弟であるエアンダムア（ウンマ市の王ではなかった）の子であるイル王の子、ギシュシャキドゥに嫁いでいた。つまり、従兄の息子と結婚したことになる。この結婚はイルが目論んだ政略結婚にちがいない。ウンマ王家の傍系であったイルは息子の嫁を本家から迎えることで自らをエンアカルレの正統な後継者に位置づけようと画策したようだ。

この王碑文から、エンアカルレ、ウルルンマ、イルそしてギシュシャキドゥの順に王位が継承されたことがわかり、しかもギシュシャキドゥを除いた三王はラガシュ市の王碑文にその名前が見られる。

「土地争い」

ラガシュ市とウンマ市が戦った主な理由は「土地争い」であった。

戦争は「大量殺人」である。絶対にするべきではない。だが、人間の歴史は戦争に次ぐ戦争であったし、これから先も人間の歴史が続く限り、戦争はなくならないだろう。戦争の相手はまずは隣国になる。隣り合う国々は仲が良いにこしたことはないが、実際はそうはいかない。多くは「領土問題」で不仲となり、外交交渉が不調ということになれば戦争にいたる。

隣り合ったラガシュとウンマとの間の戦争は優に二〇〇年になろうかという長期戦で、しかも戦争の様子を同時代のラガシュの王たちが記録に残していた。

中でも、前二四〇〇年頃のラガシュのウルナンシェ王朝第五代エンメテナ王は戦争の様子を回顧する王碑文（「回顧碑文」）を書かせたが、一方敵のウンマ側からは、発掘が進んでいないこともあり、この戦争についての史料は出土していない。

「正史」の始まり

シュメル版「合戦絵巻」

動く映像ではないが、鑑賞する人が巻いていくことで場面が変わっていく我が国の「絵巻」は戦争を記録するのに適しているようだ。

『平治物語絵巻（へいじものがたりえまき）』『蒙古襲来絵詞（もうこしゅうらいえことば）』のように、戦争を題材にして、その様子を絵と絵詞（えことば）の両

「戦争の場面」ウルのスタンダード　大英博物館蔵

方で伝えている。絵があれば、文字の読めない人にも大意は伝わる。

シュメルにも、都市国家間でおこなわれた戦争を目で見える形で伝える二つの代表的な遺物がある。

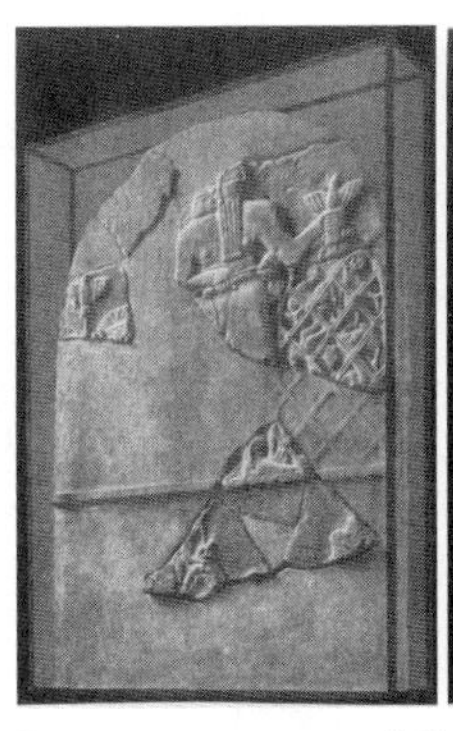

「エアンナトゥム王の戦勝碑」表裏
ルーヴル美術館蔵

「ウルのスタンダード」（前二六〇〇年頃）の「戦争の場面」と「エアンナトゥム王の戦勝碑」（前二四五〇年頃）である。二作品ともにシュメル美術の傑作で、重要な史料でもある。「ウルのスタンダード」は「ウル王墓」から出土し、発見者L・ウーリーが戦場で掲げる「スタンダード（旗章）」と推測したことから、「ウルのスタンダード」と呼び習わされてきたが、楽器の共鳴箱とする説もある。高さ約二一・六センチメートル、幅約四九・五センチメートルの大きさで、ラピスラズリや赤色石灰岩などを使ったモザイクの図像だけで、文字による記録はない。表裏の「饗宴の場面」と「戦争の場面」に豊饒を招き、安寧をもたらすという王の二つの務めを込めている。したがって、「戦争の場面」は実際にあった戦争を写した場面とは思えない。

シュメルの絵師は、人物表現などは写実的とはいいがたいが、それでも伝えようと思うことを工夫して正確に表現している。たとえば、「戦争の場面」は下段から中段へ、中段から上段へと時間の流れを追っていくように構成され、下段は異時同図の手法を使って、コマ割り漫画のように一両の戦車が次第に速度を増していく様子を表現している。戦車の下には敵の死骸がころがり、中段右端の捕虜は頭と胸に負傷したようで、波線で流血を表すなど、シュメルの絵師は残酷な場面についても芸が細かい。

一方、「エアンナトゥム王の戦勝碑」（一〇四頁参照）はラガシュ市とウンマ市との戦いを浮彫の図像とシュメル語王碑文で記録したもので、絵と詞書がある「絵巻」と同様であるが、残念ながら断片しか残存していない。そこで、両市の戦いについてはエンメテナ王の「回顧碑文」から多くの情報を得ることになる。

歴史を意識したエンメテナ王

エンメテナ王はわかっている限りで最古の「徳政」つまり奴隷解放をおこなった名君であった。王の像が残っているが、頭部が欠損してその顔が見られないことはまことに残念である。

エンメテナ王はラガシュ市と隣国ウンマ市の争いを振り返った「回顧碑文」を記している。ヘロドトス（前四八〇―前四二〇年頃）は『歴史』巻一、序文で「人間界の出来事が時の移ろうとともに忘れ去られ、ギリシア人や異邦人（バルバロイ）の果した偉大な驚嘆すべき事蹟の数々

エンメテナ王の像
高さ76センチメートル
閃緑岩　ウル市出土

エンメテナ王の回顧碑文
円錐碑文Bと呼ばれているが、粘土製の壺　高さ21.5センチメートル　円錐碑文Aの方は円錐形　公示を意図して壺、円錐ともに棒を挿し込んで壁にかけた

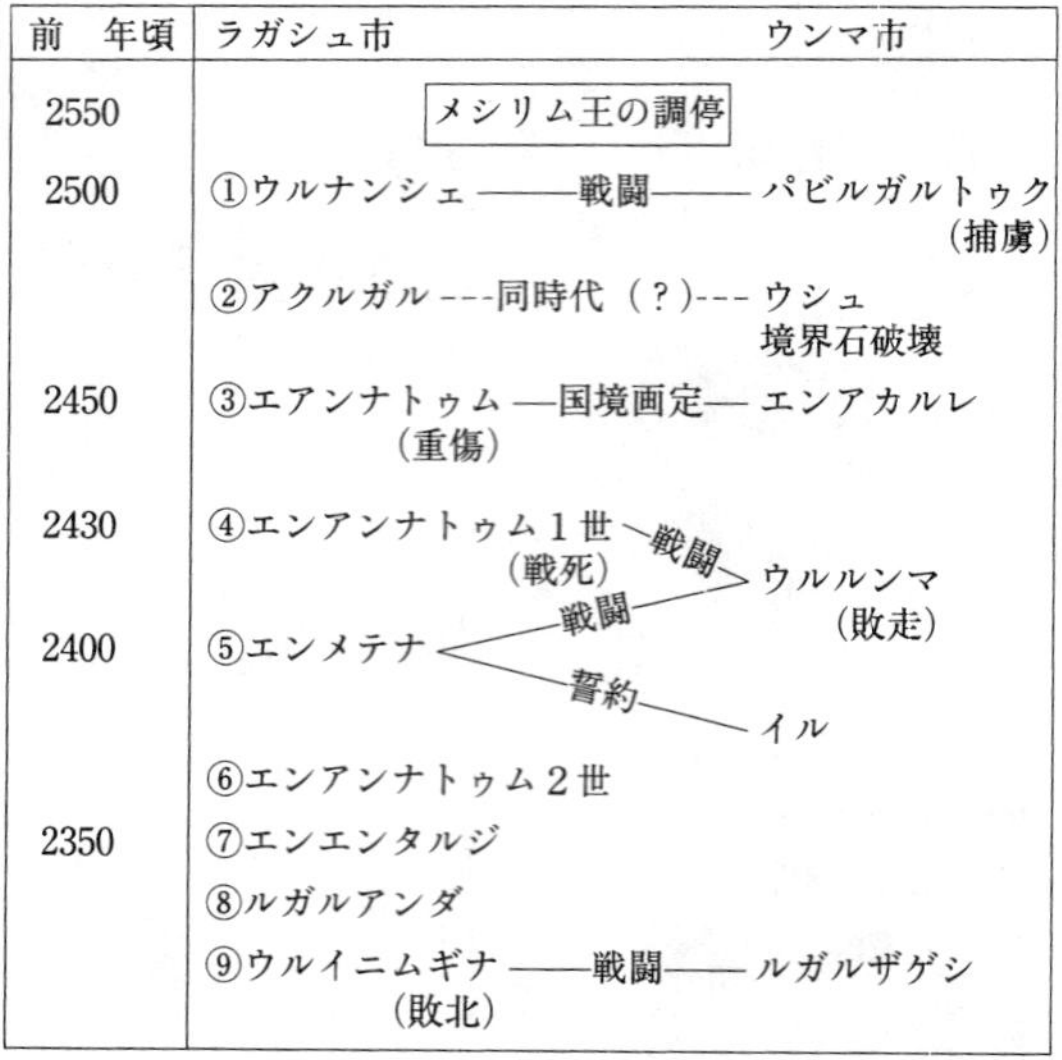

前　年頃	ラガシュ市		ウンマ市
2550		メシリム王の調停	
2500	①ウルナンシェ	——戦闘——	パビルガルトゥク（捕虜）
	②アクルガル	---同時代（？）---	ウシュ 境界石破壊
2450	③エアンナトゥム（重傷）	—国境画定—	エンアカルレ
2430	④エンアンナトゥム1世（戦死）	戦闘	ウルルンマ（敗走）
2400	⑤エンメテナ	戦闘	ウルルンマ（敗走）
	⑤エンメテナ	誓約	イル
	⑥エンアンナトゥム2世		
2350	⑦エンエンタルジ		
	⑧ルガルアンダ		
	⑨ウルイニムギナ（敗北）	——戦闘——	ルガルザゲシ

ラガシュ王対ウンマ王　対戦見取り図
ウンマ市の王はラガシュ市の王碑文に書かれた王のみをあげた

——とりわけて両者がいかなる原因から戦いを交えるに至ったかの事情——も、やがて世の人に知られなくなるのを恐れて、自ら研究調査したところを書き述べたものである」（松平千秋訳　岩波文庫）と執筆の理由を述べている。前五世紀前半に繰り広げられたギリシアの諸都市国家（ポリス）とアケメネス朝ペルシア（前五五〇—前三三〇年）とが戦った「ペルシア戦争」を記録し後世に伝えんとの使命感のもとにヘロドトスは『歴史』を書いたのである。

「歴史の父」ヘロドトスに先立つこと約二〇〇〇年も前にエンメテナ王は当代のみならずそれ以前のおじや父が戦った様子も記録した。厳密にいえばエンメテナが命じて書記に書かせたものであろう。ラガシュの王たちの戦いは不正を繰り返すウンマを征伐する戦いであって、正義はラガシュにありとの考え方に貫かれている。「回顧碑文」を記すことで、神々にご覧いただくだけでなく、末代までの人間に伝えることをエンメテナは意識したのではないだろうか。とすれば、エンメテナは歴史に残ることを強烈に意識した最古の人間といえる。「回顧碑文」は粘土製円錐や壺などに書かれたものが現在残っている。

初代王、第三代王の戦い

戦争の発端

そもそもラガシュ市とウンマ市との戦争がいつ始まったかはわからない。小競り合いも含め、かなり昔から戦っていたにちがいない。

エンメテナ王の「回顧碑文」は、前二五五〇年頃に両市の戦いをキシュ市（現代名ウハイミル）のメシリム王（メサリムともいう）が調停したことから始まっていて、次のように書かれている。

国々の王にして、すべての神々の父であるエンリル神が彼の確実な言葉でもって、ニンギルス神とシャラ神のために国境を定めた。

キシュ市の王メシリムがイシュタラン神の命令によって測量し、その場所に（境界）石を立てた。

（エンメテナ王「回顧碑文」一欄一行〜一二行　円錐碑文Bの欄行数による。以下同じ）

シュメルではこうした歴史的な記録に神々が登場しているが、エンリル神はシュメルの最高神で、ニンギルス神、シャラ神はそれぞれラガシュ市、ウンマ市の都市神（都市の守護神）である。都市国家間の戦争はそれぞれの国の人間が戦うだけでなく、理念上は「都市神間の戦争」であるとも考えられていた。

メシリム王の調停

ラガシュ市はメシリム王の調停を受けいれざるをえなかった。メシリム王は前二六〇〇年頃から有力であったバビロニア北方のキシュ市の王であった。キシュ市が有力であったので、ほかの都市はキシュ王のいうことに一目置かざるをえず、ラガシュ、ウンマ両市の国境争いはメシリム王の調停で矛（ほこ）を納めた。

前二五〇〇年頃になると、今度はキシュ市をしのいでウル市が有力となった。だが、ウルの勢力が衰えを見せるや、ラガシュが台頭した。同時に、ラガシュの宿敵ウンマも勢力を伸張させていた。両市は領土を拡張していく過程で、ぶつからざるをえず、耕作に適した土地を奪いあうことになった。

「エディンの首」の争奪戦

ラガシュ、ウンマ両市の戦争では、本章冒頭のエアンナトゥムの王碑文にあるようにグエディンナ（シュメル語で「エディンの首」の意味）と名づけられた耕地をめぐる争いがあった。『旧約聖書』の「創世記」二―三章に書かれている「エデンの園」のモデルともいわれるが、シュメル語エディンは「楽園」ではなく、「草原」「平原」などを指す。

ウンマは「対ラガシュ」で利害が一致するウル市やウルク市と共同戦線を張った。後にウルクはこの戦線から離脱し、逆にラガシュの王と「兄弟の契り」を結んでしまう。乱世をなんとか生きのびるために、中国や日本の戦国時代と同様にそれぞれの都市国家が丁々発止の駆け引きを展開していたのである。

ウルナンシェ王ウンマの王を捕虜とす

メシリム王による調停で一時的に戦いは止んだものの、その後も戦いは続いた。

エンメテナ王の「回顧碑文」では、メシリム王の調停の次はウルナンシェ王朝第三代エアンナトゥム王の時代に飛んでいる。だが、すでに初代ウルナンシェ王の時代にもウンマ市との戦争が繰り返されていたことが、ラガシュ市のラガシュ地区から出土した石（断片）に書

ウルナンシェ王の王碑文　石の断片

かれた王碑文から明白になった。

ラガシュ市［の人が］ウル市の人とウンマ市の人との戦いに出陣した。

ラガシュ市の人がウル市の人を武器で倒した。［……］エンシマグル（＝支配者の大船）を捕らえた（＝奪った?）。ヌバンダ職（＝軍隊の指揮官）のキシブガル職（＝印章運び）のアマバラシを捕らえた。ウウウの子、パプウルサグを［捕らえた。］ヌバンダ職の［……］を捕らえた。死骸の塚を築いた。

ウンマ市の人を武器で倒した。ヌバンダ職のルパとビルガルトゥクを捕らえた。ウンマ市のエンシ（＝王）であるパビルガルトゥクを捕らえた。ヌバンダ職のウルサグギギルを捕らえた。大商人フルサグシェマフを捕らえた。死骸の塚を築いた。［ウンマ市の人……］

捕虜の使い道

この戦いではラガシュ市はウンマ市だけでなく、ウル市をも敵にまわしていた。

ラガシュ市の王たちが戦った記録では、敵を「武器で倒し、死骸の塚を築いた」という決まり文句を王碑文で繰り返している。だが、このウルナンシェ王の王碑文は珍しいことに捕虜の名前をあげている。敵の王であるパビルガルトゥクを筆頭に、軍隊の指揮官であるヌバンダ職たちをも捕まえた大勝利であったが、ウル王の名前がないところを見ると、ウル王にはまんまと逃げられてしまったようだ。

この時ラガシュに捕まったウンマのパビルガルトゥク王はその後どうなったのだろうか。

男性の捕虜は生かしておいても、シュメルではあまり使い道がない。男性の労働力を利用する鉱山や大農場あるいは多数の漕ぎ手を必要とするガレー船のような船はシュメルにはなかった。捕虜を生かしておいても、食糧がいる上に反乱を起こす恐れもあり、生かしてはおかなかったであろう。

戦争捕虜の図（碑断片）
アッカド王朝時代
ルーヴル美術館蔵

だが、殺されずにすんだ捕虜が少なくとも一人いた。ウンマ王とともに捕まった大商人フルサグシェマフはなんと旧主を裏切り、敵方に寝返ってラガシュ王ウルナンシェにぬけぬけと仕え、側近となって活躍したようだ。その逃れられない証拠が残っているのである。

前章「奉納額C」（五四頁図参照）上段左端の人物をしっかり見てほしい。商人であることを表す分銅と天秤と思しき棒を肩にかついだ男性こそ、このフルサグシェマフと同一人物である。「奉納額」に刻まれているところを見ると有能だったにちがいなく、いつの時代にも世渡りの上手な人はいるものである。

「キシュ市の王」エアンナトゥムの不安

第三代エアンナトゥム王は、第二代アクルガルの息子で、影の薄い父王とちがって武勲を誇った。

エアンナトゥムはラガシュ市の王であるが、「キシュ市の王」とも称した。「キシュ市の王」とは南部のウルク市やラガシュ市などの覇者たらんとする王が用いた称号で、北部の有力都市キシュまでもが自らの威の下にあることを誇示しようとした。

「エアンナトゥム王の戦勝碑」はラガシュ、ウンマ両市の戦争を伝える貴重な史料であるが、断片である。そこで、別の王碑文、すでに本章冒頭で一部を紹介した「丸石碑文」から戦いに臨むエアンナトゥム王の姿を見るとしよう。

ラガシュ市の都市神であるニンギルス神への語りかけで始まる以下の王碑文は、次に王を讃える長い美称（エピセット）がこれでもか、これでもかといった調子で続き、神々の恩寵を得た王であることを強調する。

ニンギルス神のために、
　ラガシュ市のエンシ（＝王）にして、エンリル神が名前を選びし者、ニンギルス神が力を与えし者、ナンシェ女神が心に選びし者、ニンフルサグ女神が清き乳を飲ませし者、イナンナ女神が良き名を名づけし者、エンキ神が知恵を与えし者、ドゥムジアブズ女神が愛せし者、ヘンドゥルサグ神の執事、ルガルウルブ神の愛する友にして、ラガシュ市のエンシであったアクルガルの子であるエアンナトゥムが、
　ニンギルス神のためにギルス地区を再建した。ウルクガ地区の城壁を建てた。ナンシェ女神のためにシララ地区を建てた。
（エアンナトゥム王「丸石碑文」一欄一行〜三欄一一行）

エアンナトゥム王の円筒印章印影図　上部に「エアンナトゥム、エンシ」の文字が見える

　美称を取り除けば、文章の主旨は「ニンギルス神のために、エアンナトゥムがギルス地区を再建した」と簡潔である。

　傲慢不遜といわれる君主ほど、その地位を失うことへの不安は大きい。となれば、不安を払拭するためにも神々を持ち

出して権威づけをし、ご加護を願った。古代メソポタミアでは神と人との間は大きく隔たっているると考えられていて、その畏怖すべき神々がさまざまな恩寵をエアンナトゥムに授けてくださったと大いに自慢しているのである。

エアンナトゥムは武勇に優れた王であったが、端無くも気弱な一面も併せ持っていたことがこの長い美称からうかがい知ることができる。

こうした言葉の上で支配者の権威を高めるためのくどい作文は古代のシュメルだけに見られることではなく、二一世紀になっても「敬愛する領導者、偉大な将軍様」のような長い美称を臆面もなく使っている国もある。また、卑近なところでは、狭い名刺にびっしりと肩書きを並べている普通の日本人も同類かもしれない。とかく人間は権威づけをして、自分を大きく見せたがるものである。

戦いに次ぐ戦い

エアンナトゥム王はまず国内を整え、その後に本章冒頭で紹介したエラムほかの外国との戦いがおこなわれた。

だが、エアンナトゥム王はまだ戦わねばならなかった。王はかなり遠方へ出陣した。次のように語っている。

ニンギルス神により名前を選ばれし者エアンナトゥムに国々は恐れた。アクシャク市のルガル（＝王）が蜂起したので、ニンギルス神により名前を選ばれし者エアンナトゥムはニンギルス神のアンタスルラ神殿からアクシャク市のルガル、ズズをアクシャク市へ出向いて、滅ぼした。

（エアンナトゥム王「丸石碑文」四欄二〇行〜五欄八行）

ラガシュ市からアッカド地方のアクシャク市まで、エアンナトゥムは親征したようだ。アクシャクはディヤラ地方、ティグリス河畔にあったとされているが、正確な所在地はまだわからない。

こうして敵を蹴散らしたエアンナトゥムはニンギルス神のために新しい運河を掘って、ルンマギンドゥ（シュメル語で「ルンマのように良い」の意味だが、ルンマの意味は不明）と名づけた。

「丸石碑文」によると、さらにエアンナトゥムがイナンナ女神からラガシュ市のエンシ権（＝支配権）に加えてキシュ市のルガル権（＝王権）を与えられるという恩寵を得た。戦いの女神であるイナンナがエアンナトゥムの後ろ楯になったことに恐れをなしたエラム、キシュ、アクシャクの王たちは自国へ逃げ帰ったという。

行間にのぞく王の本音

エアンナトゥム王の戦争はまだ続いた。

王碑文は神への功業の報告書であって、「敗北」は書かない。「敗北」は神に対して面目なく、書けないのである。だが、「征服した」と書いてあっても、次にまた戦闘の記録があることからわかるように、実際には大苦戦だったり、負け戦も経験していたはずである。王碑文の行間から、しぶとい敵との戦いを継続しなくてはならないエアンナトゥムのため息が聞こえて来るようである。負け戦を正直に告白できない王にはつらいものがある。

ようやく得た勝利の後に、エアンナトゥムは灌漑農耕社会を治める王であるから、ニンギルス神のためにルンマギンドゥ運河を浚渫(しゅんせつ)した上で神に奉献し、運河に堰(せき)を築いたと誇らしげに書いて「丸石碑文」は終わっている。したがって、本章扉の丸石はこの堰の付近に置かれたにちがいない。

神を恐れぬウシュ王

さて、いよいよエアンナトゥム王と宿敵ウンマ市との戦いについてである。第五代のエンメテナ王の「回顧碑文」は次のように語っている。

まず、最初にメシリム王の調停の結果立てられた境界石をこわし、ラガシュ市のグエディンな耕地に侵入したのは、ウンマ軍を率いたウシュ王であった。ウシュ王の行為はラガシュ側の人間から見れば、約束を破った、つまり神を恐れぬ所業であった。

ウンマ市のエンシ（＝王）であるウシュは呪いの言葉を仰々しく述べ、その境界碑をこわしてラガシュ市のエディンに侵入した。

エンリル神の戦士であるニンギルス神は、彼の正しい言葉によって、ウンマ市と戦闘をおこなった。エンリル神の命令でもって大きな投網を投げた。死骸の塚をエディンに築いた。

（エンメテナ王「回顧碑文」一欄一三行～二七行）

理念上では戦争とは「都市神間の戦争」であるから、ラガシュ市に敵が攻め込んだとなれば、都市神であるニンギルス神自ら先陣を切って迎え撃ったと考えられていた。

しかし、この時のラガシュの人間の王が誰であったか、王の名前は書かれていない。一方ウンマのウシュ王の名前はエンメテナ王の「回顧碑文」以外には伝わっていない。ウシュはラガシュのアクルガルと同時代と考える説もあるが、実在そのものを疑問視する説もある。

エンメテナ王の「回顧碑文」によれば、エアンナトゥム王が対戦した時のウンマ市の王はエンアカルレ王であった。

「エアンナトゥム王の戦勝碑」

ラガシュ市がシュメルの有力都市となったのは、ウルナンシェ王朝第三代エアンナトゥム王の治世からである。エアンナトゥム王の兄弟で第四代エンアンナトゥム一世、その子で第五代エンメテナ王の治世まで国運が盛んであったが、エンメテナ王の治世が終わるとラガシュは衰退に向かった。

「神々の戦い」と「人間たちの戦い」

前述のように一八七七年にサルゼック率いるフランス隊がラガシュ市のギルス地区を発掘した際に、石灰岩の大きな断片七枚となって発見され、現在はルーヴル美術館に展示されている。

「エアンナトゥム王の戦勝碑」（八九頁下写真参照）が作られたのは前二四五〇年頃であった。

厚さは一一センチメートルあるが、完全であれば高さは一・八八メートル、幅は一・三メートルあったであろう。頭頂部が半円で、下部は長方形で幾段かに仕切られ、碑の表裏に浅浮彫で図像が刻まれるシュメルの碑の形式を備えている。

「エアンナトゥム王の戦勝碑」は都市神ニンギルス神とエアンナトゥム王がウンマ市に勝利したことを讃える戦勝碑である。したがって、碑の一面はニンギルス神を主役とする「神々の戦い」を、そして別の一面はエアンナトゥム王が主役となる「人間たちの戦い」を浅浮彫の図像と背景の地に刻まれたシュメル語楔形文字の王碑文によって活写した。

戦うニンギルス神

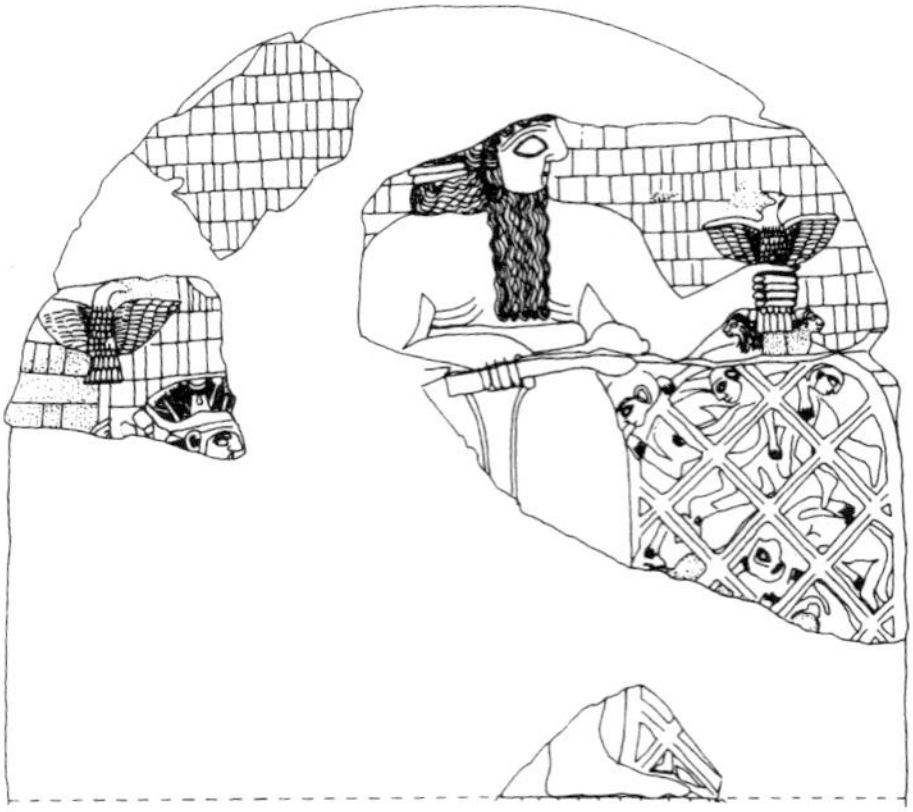

戦うニンギルス神　「神々の戦い」の面（部分）
全面は89頁下左写真、別の面は108頁図参照

「神々の戦い」の面で、碑の頭頂部付近にあてはめられる断片には、後頭部に髪を束ね、長い顎鬚をはやした大きい像が刻まれている。シュメルの神は角のある冠を被る姿で表現されるのが常であり、この像の背後（左端断片）に冠を被ったやや小さい神像が刻まれていることからも、この大きい像はラガシュ市の都市神ニンギルス神で、頭頂部が欠損しているが、角のある冠を被っているはずである。

右手に棍棒、左手に霊鳥アンズー鳥を握っている。アンズー鳥の下には網にかかったウンマ人の死骸があり、図に呼応して碑文に投網で敵のウンマ兵を駆逐する様子が記されている。

夢のお告げ

「エアンナトゥム王の戦勝碑」断片には、ニンギルス神がエアンナトゥム王の枕元に立ち、ウンマ市の王がニンギルス神の愛するグエディンナ耕地を占領しているので、滅ぼすようにと戦争を予告し、同時に神々のご加護のもとに勝利を収めるであろうことが告げられたと書かれている。

シュメル人は占卜（せんぼく）を信じ、内臓占い、夢占いなどをおこなった。

夢占いは夢から神の意思を読み解くことで、たとえばエアンナトゥム王から二五〇年ほど後の前二二世紀中頃にラガシュ市を支配したグデア王は、ニンギルス神のためにエニンヌ神殿を建立する際に、ニンギルス神の夢を見、その夢の意味を「夢解きの女神」でもあるナンシェ女神に解いてもらう。

占卜に頼ったのはシュメルの王だけではない。国運をかけた戦争ともなれば、どんなに戦上手な指導者でも、自分の判断だけでなく、「大いなる神の意思」を知りたくなるだろう。我が国の戦国大名たちも占い師を侍らせて「天命」を知ろうと努めたという。

また、現代でも戦争のような国家の非常時ともなれば、欧米の指導者たちが占星術師に頼っているとの噂がある。真偽はともかくとしても、こうした噂が出ることこそ、現代人もまた一国の指導者といえども所詮孤独で不安な人間であって、重要な決定に際しては結局のところ「神頼み」にならざるをえないと考えているということだろう。

戦うエアンナトゥム王

「神々の戦い」の裏面は、「人間たちの戦い」の場面である。

ニンギルス神に夢で勝利を予告されたエアンナトゥム王は神のお告げを支えに、先頭に立って奮戦した。

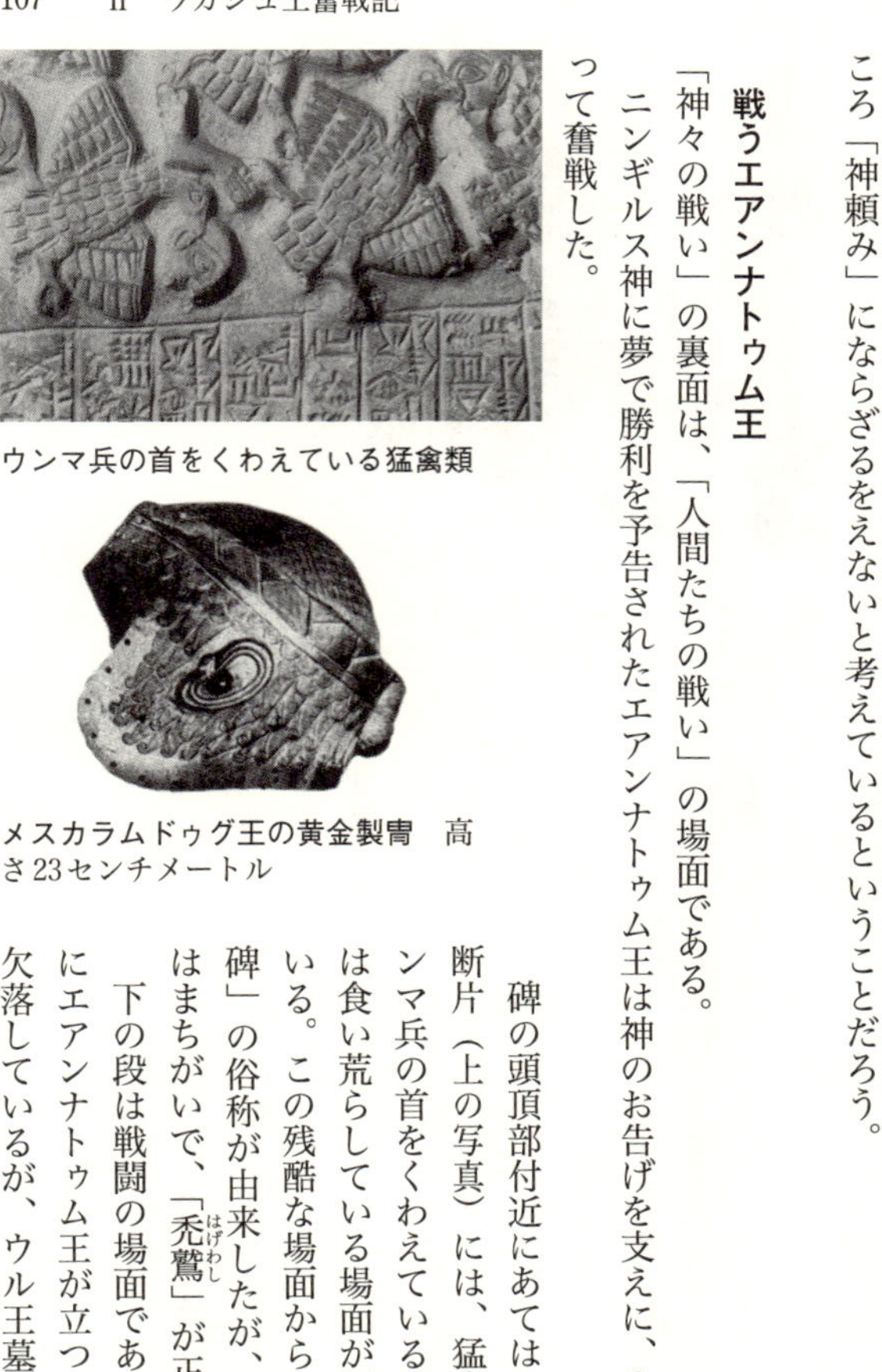

ウンマ兵の首をくわえている猛禽類

メスカラムドゥグ王の黄金製冑　高さ23センチメートル

碑の頭頂部付近にあてはめられた断片（上の写真）には、猛禽類がウンマ兵の首をくわえている、あるいは食い荒らしている場面が刻まれている。この残酷な場面から「禿鷹（はげたか）の碑」の俗称が由来したが、「禿鷹」はまちがいで、「禿鷲（はげわし）」が正しい。

下の段は戦闘の場面である。先頭にエアンナトゥム王が立つ。顔面は欠落しているが、ウル王墓から出土

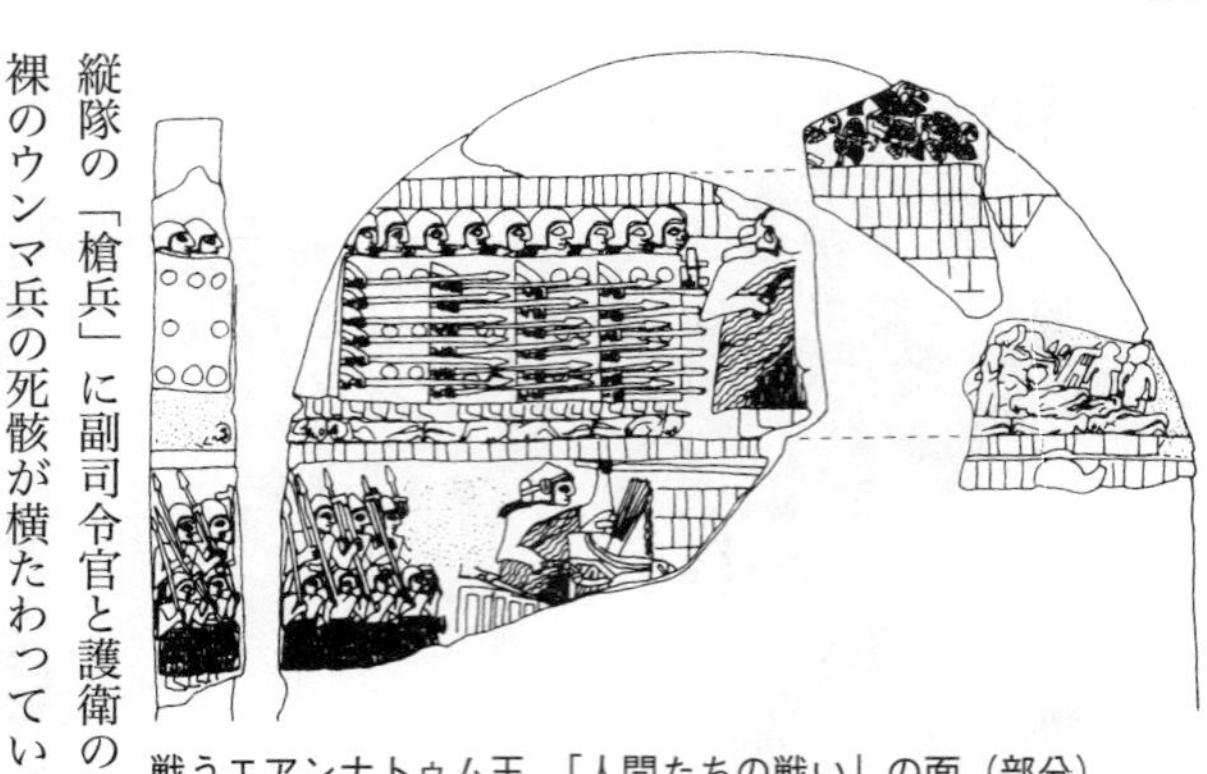

戦うエアンナトゥム王　「人間たちの戦い」の面（部分）
全面は89頁下右写真参照

したメスカラムドゥグ王の黄金製冑（前頁写真）と同じ髷を結った形の冑を被り、右手に武器を握っている。普通シュメルの男性は王といえども腰に「カウナケス」と呼ばれる腰衣を巻くだけだが、戦闘の場面ではもう一枚着込んでいる。

密集戦団

最高軍司令官である王の背後には冑を被り、矩形の楯を手にして槍を前方に突き出した密集戦団が続く。兵士たちが被る冑は皮革製との説もあるが、「ウル王墓」から似た形の銅製冑が出土していることから、銅製であったかもしれない。

密集戦団の兵士たちが繰り出す槍は文字通りの「槍衾」で、兵士たちは前面に四人の矩形の楯を手にした「楯兵」、槍を前方に突き出した四列六縦隊の「槍兵」に副司令官と護衛の槍兵を加えて三〇人の密集戦団が続いている。足元には裸のウンマ兵の死骸が横たわっている。

この密集戦団は、古代ギリシアのポリス社会における重装歩兵の密集戦団「ファランクス」に先駆ける存在といわれている。だが、武装自弁のポリス社会とはちがい、シュメルでは王が槍、楯そして斧などの武器を与えた記録が残っている。

なお、都市国家が分立していた時代には、戦場で活躍した密集戦団も、都市国家時代が終わると姿を消した。

先頭に立って戦う最高軍司令官エアンナトゥム王

裸足の兵士たち

冑を被り、戦支度をした王や兵士たちであるが、その足には履物はない。シュメル地方は両河が運んで来た泥でできた沖積平野で、素足であっても怪我をすることはなかったのだろう。だが、シュメル人

つぶれた頭蓋骨と銅製冑
高さ46センチメートル
大英博物館蔵

いざ出陣！　戦車想像図

ナラム・シン王の戦勝碑（部分）　弓矢を手に、サンダルを履くナラム・シン王
ルーヴル美術館蔵

が履物を知らなかったわけではない。皮革製で、足に結びつける形のサンダルはあった。エアンナトゥム王から二〇〇年ほど後、アッカド王朝第四代ナラム・シン王（前二二五四―前二二一八年頃）がザグロス山脈に遠征した際の様子を刻んだ「ナラム・シン王の戦勝碑」を見ると、王の足にはサンダルが見える。

また、ウル第三王朝第二代シュルギ王（前二〇九四―前二〇四七年頃）治世四七年には王子シュ・エンリルがイラン高原にあるシマシュキを倒した時に、皮革製の靴が支給されたようで、シュメル地方の外へ、ことに山岳方面に遠征するとなれば、地面は固く石がころがっていて足の裏を傷めてしまうので、サンダルのような履物は必要だった。

戦車に乗る王

「人間たちの戦い」の面、密集戦団の下の段（一〇八、一〇九頁参照）では、エアンナトゥム王は戦車に乗って、槍を振り上げている。断片の図像であるから、戦車を牽く動物の姿が不明である。

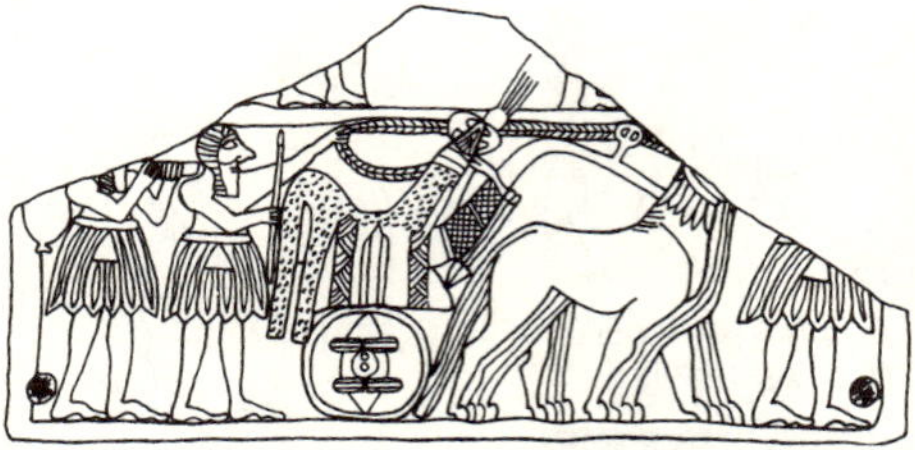

戦車の車輪に注目　ウル市出土奉納額断片

前三〇〇〇年紀半ばの西アジア世界に「馬」（シュメル語でアンシェ・クル・ラ。「山のろば」の意味）は登場していないが、同紀末の『シュルギ王讃歌A』では馬が詠われ、またウル第三王朝時代の印章印影図に馬と思しき動物が登場している。「ウルのスタンダード」の「戦争の場面」（八九頁上図参照）で、戦車を牽いていたのはろばという説もあるが、オナガー（学名エクウス・ヘミオヌス・オナガー。半ろば、高足ろばともいう）という説が有力である。

一方で、エンメテナがウンマのウルルンマを敗走せしめた後に「彼（＝ウルルンマ）のろば、戦車六〇両がルンマギルヌン運河に残された」と「回顧碑文」に書かれている。このろばは戦車を牽いていたと考えられ、ウンマ市では戦車をろばに牽か

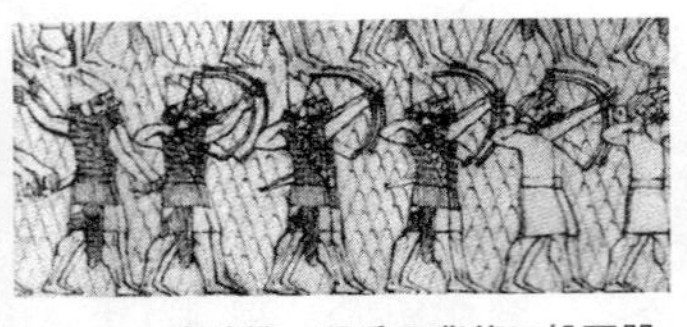

ラキシュ攻城戦　弓兵の背後に投石器を使う兵士たち　新アッシリア時代

強弓をひく王　ウルク文化期

槍　銀製穂先の長さは34.5センチメートル　ウル王墓出土

せていたようだ。

また、シュメルでは牽引獣に「はみ」を使わず、しかも戦車の車輪にスポークはなく、板を二枚合わせたもので、到底この戦車を駆使して戦場を駆けめぐれたとは思えない。王は戦車に乗って戦場まで赴いても、いざ合戦となれば、戦車を降り、「エアンナトゥム王の戦勝碑」断片（一〇八、一〇九頁参照）にもあるように、前線に立って戦ったにちがいない。

なお、車の注し油には魚の油が利用されたようで、これが戦車にも使われたとしたら、戦車に乗った王はさぞ臭かったことだろう。

矢傷を負ったエアンナトゥム王

戦勝碑断片のエアンナトゥム王は弓を使っていない。シュメル人は弓を知らなかったのではない。ウルク文化期後期に属す円筒印章印影図や碑には、弓を使う王や人々が表現されている。王が弓を使ってライオンや牡牛を倒すあるいは敵を射る姿などの表現がある。

シュメル地方からユーフラテス河を遡った所に位置するマリ市の初期王朝時代にあたる王宮から発見された石製の額にはなかなか興味深い図像がある。人間をすっぽりおおい、地面につくほどの大きさの楯を右手に、左手に槍を持った兵士の背後で弓兵が「火矢」を放とうとしている。縒った弓のつるやかえりのある矢じりから、これが最古の「火矢」と考えられている。

また、ザグロス山脈に遠征したアッカド王朝のナラム・シン王の手には弓がしっかり握られているし（一一〇頁右図参照）、彼の軍勢は弓を使い、シュメルの密集戦団よりも強かった。シュメル人でもシュルギ王は『シュルギ王讃歌B』の中で弓の達人と自慢している。

地面につく、大きな楯と槍を持つ兵、その背後で「火矢」を放つ弓兵

弓矢を携えたアッカド人　箙（えびら）から矢を拭くための羊毛のふさが垂れている　書記カルキの円筒印章印影図（部分）

さらに、新アッシリア時代（前一〇〇〇―前六〇九年頃）になると、たとえば「ラキシュ攻城戦」（前七〇一年）を刻んだ浮彫では、槍兵、

弓兵そして投石器を持つ兵が整然と攻撃している。

では、「ウルのスタンダード」「戦争の場面」に弓兵がどうしていないのだろうか。

初期王朝時代におけるシュメルの都市国家間の戦争は接近戦で、一般的にいって弓は適さないからだという。また、当時の兵士たちは傭兵ではない。

平時は主に灌漑労働などに従事し、ひとたび戦争ということになれば駆り出された。常時軍事訓練に励める種類の兵ではない。

俄かごしらえの兵士に適している武器は槍だという。戦争は遊びではなく、命のやり取りであり、人殺しである。俄か兵士の心理は「怖い」の一言であり、なるべく敵から離れていたい。急に兵士に仕立て上げられた人間が、それでも人を殺さなくてはならない時に向いている武器は槍だそうである。

「エアンナトゥム王の戦勝碑」は断片で正確な文脈がわからないが、「エアンナトゥム王に人（＝ウンマ人）が矢を射た」と書かれた箇所がある。武勇に長けたエアンナトゥムは密集戦団の前に仁王立ちになって戦い、ウンマの槍兵はなんなくねじ伏せたが、手練の弓兵によって負傷させられたようだ。

戦死者の数

ラガシュ市とウンマ市の戦争では大勢の兵士が戦死した。戦死者の数は、シュメルに限らず現在にいたるまで敵の戦死者の数は多く、味方については少なく発表する情報操作も戦術の中である。

「エアンナトゥム王の戦勝碑」では「[……]殺し、その死骸三六〇〇を剣で数えた」と書かれた箇所がある。実際に三六〇〇人もウンマ兵を倒したということではない。シュメルは六〇進法を使っていたので、数を表す時には六〇の倍数で表した。中国の「白髪三千丈」の表現と同様に象徴的数字で、六〇×六〇は「大きい数」になり、大勢殺したことを意味している。

また、仮りに死骸の数が実数であったとしたら、当時の都市国家の人口は数万人と推定されていることから、千人単位の死者は決して少ない数字ではない。

多くの敵を倒したことを誇るエアンナトゥムだが、味方のラガシュ兵の戦死者については沈黙している。もちろん戦死者ゼロということはありえない。同じくらいの死者が出た可能性も考えられる。

戦死者の名簿

神へ王の功業を報告する意図を持つ王碑文には自国民の戦死を記述しないが、戦死者の名簿と考えられている「后宮」の記録がある。シュメル人は几帳面な記録魔とでもいうべきで、多様な目録をこまめに記していた。ウルイニムギナ王治世四年の記録で、「農夫ルガルパエが死んだ。その子ティラアシュアが跡を継いだ」との書き出しで、死者の名前と後継者の有無、誰の配下かがたんたんと書かれている。ここに書かれている人たちは「后宮」の賦役・軍役に従事する人たちで、戦死者が出たとなれば、戦後に組織を立て直す必要が生じる。そのためにこうした記録が作られた。決して死者を悼むために記録されたのではない。

粘土板の最後には「合計、二〇人は人（=後継者）を持たず、一一人は人を持った。バウ女神の人々（=「后宮」に属す人々）が死んだ」と総括されている。この記録では三一人が死んでいるが、この人たちが戦死と考えられている。

殺人は死罪

シュメルは文明社会で、法によって治められる社会であった。エアンナトゥム王の治世よりも四〇〇年ほど後のウル第三王朝初代ウルナンム王（前二一一二—前二〇九五年頃）は「ウルナンム『法典』」を制定した。これが現在最古の「法典」（法典と特定することを疑問視する見解があるので、本書では法典に二重かぎかっこをつけた）であるが、ウルナンム王の治世になっていきなり法が発明されたわけではなく、初期王朝時代からの社会的公正を維持するのが王の務めとする理念を踏まえ、発展させたと考えられる。この「ウルナンム『法典』」第一条には次のように書かれている。

もし人がほかの人の頭に武器を打ち下ろしたならば、その人は殺されるべきである。

殺人は死刑と定められていた。「一人殺せば殺人者で死刑だが、戦場で大勢を殺せば英雄で勲章」という、後代よくいわれるところの人間社会の不条理がすでに見られる。

「死骸の塚」

「エアンナトゥム王の戦勝碑」断片には「死骸の塚を二〇築いた」と書かれた箇所がある。上から三段目にあたる断片には死骸を積んだ山で、傍で全裸の神官が祭儀をおこなっている。下には、犠牲の牛も見える。

死骸の塚（左）、全裸の神官（真ん中）、牛の犠牲（右下）「人間たちの戦い」の面（部分）　89頁下右写真参照

都市国家間の戦争では、畑や人間の居住地域付近が戦場になることもあった。たとえば、前に出てきたようにウルルンマ王が敗走した後でろばや戦車がルンマギルヌン運河の岸にそのままに残され、さらに「その人々の死骸が野に打ち捨てられ、死骸の塚が五ヵ所に築かれた」と書かれている。

人道的理由から、敵の死骸を埋葬したのではない。死霊が跋扈（ばっこ）することを恐れたからであろう。とにかく死骸をそのままにしてはおけず、土に帰した。

エアンナトゥム王とエンアカルレ王との国境画定

前で話したように、エアンナトゥム王と戦ったウンマ市の王はエンアカルレ王であった。エアンナトゥムはグエディンナ耕地を取りもどし、エンアカルレとの間で国境を定めた。国境の運河をヌン河からグエディンナ耕地に引いた。ニンギルス神の耕地を二一五ニンダン（＝約一二九〇メートル）の幅だけウンマ側に残した。そして、そこに持ち主のいない土地を設定し、国境の運河沿いに多くの境界石を置き、メシリム王が調停した際に立てられた境界石も元にもどされ、神々の聖堂を建てたのであった。

「借金を踏み倒した」ウルルンマ王

大勢の人間の血を流した末に、エアンナトゥム王とエンアカルレ王の間でようやく国境線が定められた。だが、ラガシュ市の立場から見ると、この誓約はエンアカルレの息子にして、ウンマ市の新たな王ウルルンマの無法ぶりで、あっけなく破られてしまう。

ウンマ市はナンシェ女神の大麦とニンギルス神の大麦を借り、その利子が八六四万グルgur$_7$量（＝約四四七億八九七六万ヘクトリットル）にもなったが、返さない。返せないような膨大な量になってしまっていた。

借りた大麦が返せないばかりか、ウルルンマ王はニンギルス神の境界運河とナンシェ女神の境界運河から水を勝手に引いて使ってしまうという逆上した行為に出た。さらに、これだけでなく、境界石をこわし、神々の聖堂を破壊した。

鉄面皮なウルルンマ王は援軍のいくつかの都市とともに、ニンギルス神の境界運河を越えて攻め込み、「アンタスルラ（＝「ニンギルス神の土地」を指す）は私のものであり、貢納を受ける権利がある」といい放った。

この時、ラガシュ市の王はすでにエアンナトゥム王ではなかった。武勇を誇り、「キシュ市の王」を称した一代の英雄エアンナトゥムは矢傷が致命傷だったようで、「クルヌギ」（シュメル語で「戻れない国」つまり「冥界」）に赴いてしまった。

エンアンナトゥム一世の戦死

後継者は「ラガシュ市のエンシ（＝王）であったアクルガルの子にして、ラガシュ市のエンシであったエアンナトゥムの愛する兄弟」と王碑文に書かれていることから、エアンナトゥムの兄弟にあたるエンアンナトゥム一世（前二四三〇年頃）であった。孫で第六代の王が同じ名前のエンアンナトゥムなので、現代の研究者は一世、二世と区別している。

境界運河を越えて攻め込んできたウルルンマの軍勢を、エンアンナトゥム一世はニンギルス神の耕地で迎え撃ったが、この王もまた戦死したようだ。

ラガシュ最後の輝き

「弔い合戦」

エンアンナトゥム一世の戦死という非常

メアンネシの像（背）　高さ23.5センチメートル　灰色の石　イラク博物館蔵

時に、跡を継いだのは息子エンメテナであった。

おじエアンナトゥム、父エンアンナトゥム一世と二代にわたる恨みをのんでの死であった。エンメテナは約二〇年王位にあったことからも、即位した時は若かったにちがいなく、宿敵ウルルンマと戦わねばならぬエンメテナは悲壮な覚悟のもとに即位したのであろう。

エンメテナにはメアンネシという名前の兄弟がいた。「兄弟は他人のはじまり」というが、逆に毛利元就が三子に与えた「三本の矢」の「教訓状」のように兄弟が一致団結してことにあたることもある。父王エンアンナトゥム一世が健在な頃に、メアンネシは自分だけでなく、親孝行なことに父エンアンナトゥムと母アシュメエレンの長寿を願った王碑文をその背中に刻んだ像を作って神殿に納めている。この心優しいメアンネシが新王エンメテナの良き協力者であったかもしれない。

エンメテナはよく戦った。「弔い合戦」に勝利し、父の仇ウルルンマを敗走せしめた。

エンアンナトゥムの愛する子エンメテナは武器で（彼らを）打った。ウルルンマは敗走し、ウンマ市内で殺された。

（エンメテナ王「回顧碑文」四欄二行〜九行）

エンメテナ王の「回顧碑文」には、こう誇らしげに敵を打倒したと刻まれている。

イル王との誓約

ウルルンマ王亡き後のウンマ市では甥のイルが後継者になった。イルは先々代エンアカルレ王の孫にあたる。ウルルンマの兄弟エアンダムアの子供で、ウンマが支配していたザバラマ市（現代名タル・〈イ〉ブゼーフ）のサンガ職であったが、この非常時に乗じてウンマの王権を掌握した。前で話したように、イルは策士であるだけにここは手打ちをすべきだと判断したようで、ラガシュ王エンメテナと次のような誓約を交わした。

ニンギルス神の境界運河、ナンシェ女神の境界運河、ティグリス河の岸にいたるニンギルス神の堤、ギルス地区の岸、エンリル神、エンキ神そしてニンフルサグ女神（の聖堂）

があるナムヌンダキガルラにおいて、水は（ラガシュ市に）利用され、（ウンマ市に課せられた）ラガシュ市の大麦は三六〇〇グル gur_7 量（＝約六六万二四〇〇ヘクトリットル）である。

（エンメテナ王「回顧碑文」 四欄三〇行～三九行）

この誓約はラガシュ市に有利だから王碑文にいれた。不利だったら、都市神に面目なく、書かないで黙っていただろう。

「兄弟の契り」

エンメテナ王は戦場で戦うだけでなく、外交によっても国家の安全を図ろうとした。よほど好戦的な性格の指導者でも端（はな）から戦争をすることはない。戦争ともなればお金がいるし、死ななくても良いはずの人が大勢死ぬ。まずは外交である。外交が良い成果をもたらさなかった時に、「それでは武力に訴える」という順番になるだろう。

戦争は外交が破綻した結果であるともいえる。外交交渉が成功していれば、なにも武力に訴えることはない。本章冒頭で紹介したように、五〇年前、エアンナトゥム王の時代にウンマ市とともにラガシュ市を攻撃したことがあるウルク市は、長い間、敵であったラガシュ市と手を結ぶ策に出た。ウルク王ルガルキニシェドゥドゥ（ルガルキギンネドゥドゥとも読ま

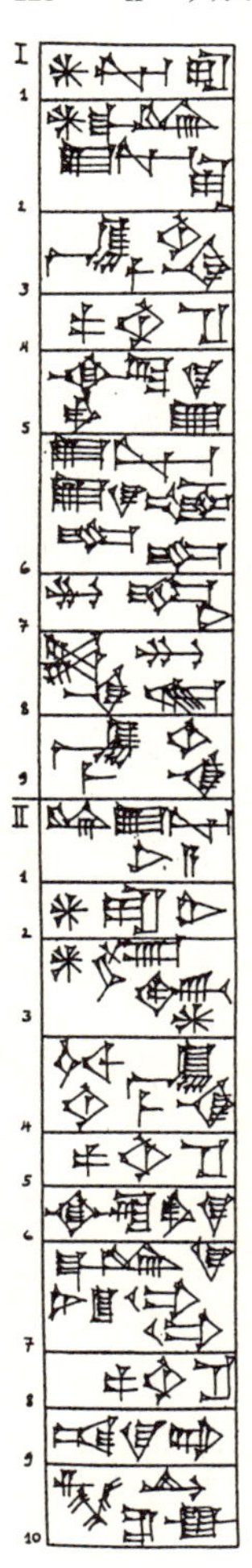

Ⅰ,	1	^{d}inanna-ra	イナンナ女神に、
	2	^{d}lugal-e$_{2}$-muš$_{3}$-ra	ルガルエムシュ神に、
	3	en-me-te-na	エンメテナ、
	4	ensi$_{2}$-	
	5	lagaš^{ki}-ke$_{4}$	ラガシュ市のエンシは
	6	e$_{2}$-muš$_{3}$ e$_{2}$-ki-ag$_{2}$-ne-ne	彼らの愛する家エムシュ神殿を
	7	mu-ne-du$_{3}$	建てた。
	8	KIB mu-na-du$_{11}$	粘土釘を打ち込んだ。
	9	en-me-te-na	エンメテナ、
Ⅱ,	1	lu$_{2}$-e$_{2}$-muš$_{3}$-du$_{3}$-a	エムシュ神殿を建てし者、
	2	dingir-ra-ni	彼の（個人）神は
	3	^{d}šul-utula$_{12}$-am$_{6}$	シュルウトゥル神である。
	4	u$_{4}$-ba en-me-te-na	その時エンメテナ
	5	ensi$_{2}$-	
	6	lagaš^{ki}	ラガシュ市のエンシは
	7	lugal-ki-ni-še$_{3}$-du$_{7}$-du$_{7}$	ルガルキニシェドゥドゥ、
	8	ensi$_{2}$-	
	9	unug^{ki}-be$_{2}$	ウルク市のエンシと
	10	nam-šeš e-ak	兄弟関係になった。

兄弟の契り

シュメル語では翻字の際に、同音異義語を区別するために、使用頻度の多い文字から１番、２番と番号をつけて区別する。１番はなにもつけないが、２番、３番はアクサンあるいは下付きの数字で、eは１番、e$_{2}$或いはéは２番となる。４番以降はもっぱら下付きの数字をつける。翻字は小文字を使用するが、KIBのように大文字表記の場合は音価が特定されていないことを示す。KIBはkibあるいはullu$_{x}$などと読めるかもしれない。また、上付きの文字は限定詞で、^{d}はdingirの省略で神名に、^{ki}は地名につく。

れる）とエンメテナは「兄弟関係になった」。つまり「兄弟の契り」を結んで、ラガシュは南方からの脅威を除き、前頁のような王碑文を書いた。

この王碑文は粘土釘の周囲に刻まれた。粘土釘は、バドティビラ市（現代名アル・マダーイン）に建立されたイナンナ女神とその配偶神ルガルエムシュ神を合祀した神殿の壁面上部に多数打ち込んだようで、ほぼ同一内容の王碑文を刻んだ粘土釘が現在三〇本以上も発見されている。

この「兄弟の契り」が結ばれたのは前二四〇〇年頃にあたり、これが現存する歴史上最古の外交条約になる。

后妃の外交

外交となると、王家の女性たちも活躍した。後の時代になると、ルガルアンダ王のバルナムタルラ后妃はアダブ市（現代名ビスマヤ）のニンギスティムティ后妃と衣服や衣服をとめるピン、ろば、銅の鋳塊（インゴット）などの贈物を交換した（一六一頁参照）。

アダブ市は、ラガシュと長期にわたって敵対関係にあったウンマ市の北方に位置する。遠方の国家と結んで、近隣諸国を牽制し対決する「遠交近攻」は外交の基本で、近くのウンマと「犬猿の仲」であるラガシュ市とすれば、遠くのアダブ市とは「水魚の交わり」を結ぶことを望んだ。

ラガシュ、ウンマ両市の国境を調停したキシュのメシリム王の王碑文がラガシュ、アダブ両市で出土しているように、両市はメシリム王の宗主権を認めていた。そんな状況の中で、女性ならではの外交が「政略結婚」である。王家にかかわる女性が嫁ぐことには「人質」の役割もあるが、それによって友好関係が保てた。なお、シュメルの「政略結婚」については後で触れる（一五〇、二六七頁参照）。

傍系の王エンエンタルジの即位

ラガシュ市の繁栄はエンメテナ王の時代までで終わった。

エンメテナ王に次いで祖父と同名のエンアンナトゥム王がウルナンシェ王朝第六代の王になった。紛らわしいので、現在はエンアンナトゥム二世と呼ばれている。この王については王碑文も少なく、なにをしたかよくわからず、彼でウルナンシェ王朝は終わってしまう。

ウルナンシェ王朝の後に、エンエンタルジ、ルガルアンダ父子がラガシュ市を支配した。

エンエンタルジはエンメテナ王の治世にニンギルス神殿のサンガ職であった。息子のルガルアンダ王の治世に、「祖先供養」のために「后宮」から犠牲を支出した記録があり、これを見るとウルナンシェ王の父グニドゥやサンガ職ドゥドゥなどの名前が含まれていることから、エンエンタルジはウルナンシェ王家の傍系に属し、ドゥドゥの子であったようだ。

エンエンタルジが約五年、ルガルアンダが約六年支配した。この二代の王については王碑文がほとんど残っていないので、ウンマ市との関係もよくわからないが、ルガルアンダの后妃バルナムタルラが「対ウンマ市」を見据え、アダブ市との間でファースト・レディーの外交（一六一頁参照）を展開していることからも、ウンマとの緊張関係が続いていたことは間違いない。

「シュメル統一」への機運

エンエンタルジ王の跡は息子のルガルアンダが継いだ。だが、ルガルアンダはウルイニムギナによって王権を簒奪されてしまう。一説には、ウルイニムギナはその前身は軍司令官であったようだ。

ウルイニムギナは長い「改革碑文」を残している。ルガルアンダたちが神々の財産を横領し、役人たちが重い税をかけるなどの悪政をおこなっていたが、ウルイニムギナが王となって、こうした悪政を「改革」したと自慢している。「改革」は民衆のためにおこなわれることも否定できないが、簒奪者である自らの王権を正当化し、かつ伸展を意図していた。治世二年目に着手したこの「改革」は三年目には挫折してしまった。

ウルイニムギナが王になった時、時代はすでに変わり始めていた。明確に「シュメル統一」を志した王が現れていた。

先駆けとなったのはウルク市のエンシャクシュアンナ王（前二三四〇年頃）で、「国土の王」を称した。我こそはシュメル全土の王であると名乗りを上げ、キシュ市を攻略したのである。

次いで、ウンマ市のウウ王の子であるルガルザゲシ王が「国土の王」を称した。ルガルザゲシはウンマ市から、伝統のある都市としてほかの都市から一目置かれているウルクに本拠を移して、シュメル統一を目指し、成就した。

一六七人の徴兵

ウルイニムギナ王治世六年にはウンマ市に攻撃され、敗色の色濃いラガシュ市では「后宮」に所属する人々から一六七人を徴兵した記録が残っている。

アマルバドシャガ、ウウ、ウルイナンナ、エウルベドゥグ、エキ、エナム、ガラトゥル、ザグムゥ、シュブル、ナムマフニ、ルガルシャグラルトゥクなどと、粘土板に徴兵された男性たちの名前が一人一人書き連ねられている。

「后宮」に所属する男性たちの中でも、戦いにかり出されるのはもっぱら専門的技能を持たない者たちだったが、今度ばかりはちがっていた。専門的な技能を持つ者たちも動員された。たとえば、ビール醸造、パン作り、布の漂白、革なめしなどの仕事をする、あるいは土地や家畜などの管理人そして鍛冶師、石工、大工などの職人であって、常日頃は武器に触れることなぞなかった。動員された男性たち一六七人が槍兵一五五人、楯兵一二人に仕立て上

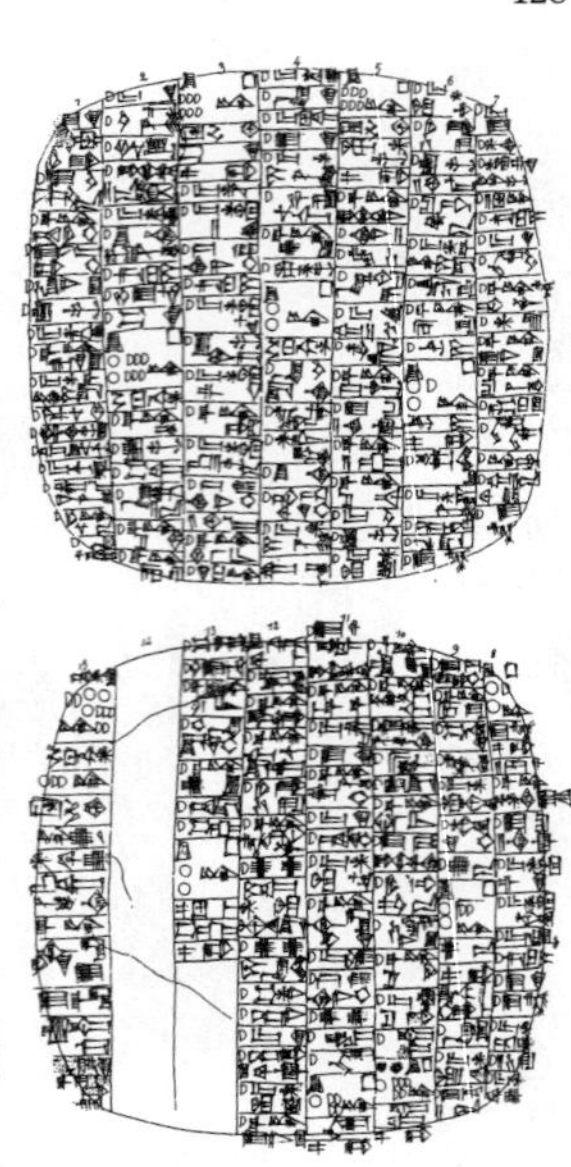
徴兵の記録

げられ、ウルイニムギナ王が王宮で閲兵した。戦場に送り出された兵士たちのうち、はたして何人が再びラガシュ市へもどれただろうか。

ウルイニムギナ王の「恨み節」

ウルイニムギナ王治世七年、ついにウンマ市のルガルザゲシ王が境界の運河を越えてラガシュ市への侵攻を開始した。以下はその過程を記録した王碑文である。ラガシュ市内の神殿が次々に放火され、略奪にあい、そしてラガシュの人々の殺戮（さつりく）が次のように繰り返されている。

ウンマの人が境界の運河で火を放ち、アンタスルラ神殿で火を放ち、貴金属とラピスラズリを持ち去った。ティラシュ大神殿で殺戮した。

アブズバンダ神殿で殺戮した。エンリル神の聖堂で、ウトゥ神の聖堂で殺戮した。アフシュ神殿で殺戮し、貴金属とラピスラズリを持ち去った。

（略）

ニンギルス神の畑で主人のために収穫された大麦を貢物として取り上げた。

ウンマの人はラガシュ市を破壊してしまい、罪をニンギルス神に対して犯した。その勝利に呪いあれ。罪はギルスのルガル（＝王）、ウルイニムギナにはない。

ウンマ市のエンシ（＝王）、ルガルザゲシに、彼の（個人）神ニサバ女神はその罪を負わせるべきである。

王碑文は本来王の功業を誇示するもので、負け戦なぞは書かない。ところが、この王碑文は少々様子が違っている。自虐的と思えるほどに負け戦の様子を書き記している。ウルイニムギナは情けないことに自国を守ることができず、王の責務を果たせなかった。そこで、ラガシュ市が滅亡した責任は自分にはなく、ウンマのルガルザゲシ王とその個人神ニサバ女神に罪があるのだと、責任転嫁した「恨み節」を縷々（るる）書き連ねたのがこの王碑文なのである。

ラガシュ市を守るために、先頭に立って戦い、今は「クルヌギ（＝冥界）」にあるウルナンシェ王朝の歴代の王たちがこの王碑文を知ったら、激怒したであろう。

ウンマ市との長い戦いの末についにラガシュ市は敗北し、滅亡した。

王としての品格を問われるような「恨み節」を残したウルイニムギナは王たりうる人物ではなく、ラガシュ市は残念ながら将を得ていなかったようだ。

つかの間の「シュメル統一」

ラガシュ市を滅ぼし、「シュメル統一」を果たしたルガルザゲシ王の前には、アッカド人、サルゴン王が立ちはだかった。ルガルザゲシはアッカドとの戦闘で捕まり、軛(くびき)をかけられてエンリル神の神殿の門まで連行されたという。

そしてなんとあの、ルガルザゲシに負けたウルイニムギナが上手に立ち回って、アッカド王家と手を結んでいたとの説もある。

時代は変わった。アッカド王朝、ウル第三王朝とシュメル・アッカド統一国家が成立し、もはや都市国家の分立時代に逆戻りすることはなかった。あれほど長く激しく戦ったラガシュ、ウンマ両市ともウル第三王朝の支配下に、組み込まれてしまった。

III　后妃のお葬式
――シュメルの女性たち

「シュメルのモナ・リザ」と想像復元図
ジェムデト・ナスル期　白大理石
高さ20センチメートル　イラク博物館蔵
頭部の穴はこの像に被りものがあったことを示している。そこから想像したのが右の図

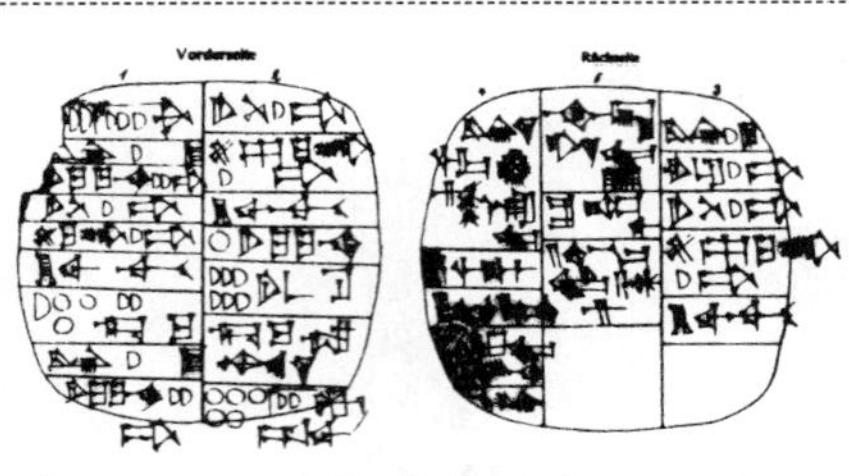

バルナムタルラ后妃の葬儀の支出

一七七人の女奴隷たちが一人につき二個ずつのドゥルンドゥルンナ・パン、一個ずつのガ・パン、一クリ量ずつのビールを受け取った。

九二人のガラ神官たちが一人につき二個ずつのドゥルンドゥルンナ・パン、一個ずつのガ・パン、一クリ量ずつの強精ビールを受け取った。

一〇個のドゥルンドゥルンナ・パン、六個のバルシ・パンをギルス地区のガラ神官長が（受け取り）、

四八人の泣き女たちが一人につき、一個ずつのバルシ・パン、一個ずつのガ・パン、一クリ量ずつの強精ビールを受け取った。

バルナムタルラの葬儀に際して、死を悼んだ人たちである。

ラガシュ市のルガル（＝王）、ウルイニム［ギ］ナ［の妻］、シャグシャグが彼らに分けた。

二度目に消費した物である。　治世二年

（一クリ量＝〇・五から一・二リットルぐらい）

葬儀は語る

葬儀の支出

前頁の記録は前二三四〇年頃にラガシュ市でおこなわれた葬儀の際に、パンとビールを支出したことを記した「后宮」の会計簿である。

弔われたバルナムタルラはラガシュ市のルガルアンダ王の后妃で、弔ったのはルガルアンダから王権を簒奪したウルイニムギナ王の后妃シャグシャグ（シャシャともいう）で、現代風にいえばシャグシャグが葬儀の費用を負担したことになる。

王権を簒奪したウルイニムギナの后妃が前王の后妃を弔ったことは奇異な印象を与えるが、シャグシャグは「后宮」という組織（一四八頁参照）の女主人の立場から、「后宮」の前任者であったバルナムタルラを弔ったということであろう。

シュメル以来古代メソポタミアの人々はパンを食べ、ビールを飲むのは「文明人の嗜み」と考えていた。我が国でもお米や日本酒がお金の代わりになにかと使われていたように、シュメルではパンとビールがさまざまな場面で使われた。

パンとビールには多くの種類があった。パンの種類は粉の種類や中にいれる具などで名前がつけられた。ドゥルンドゥルンナ・パンの「ドゥルンドゥルンナ」は「（パン焼き窯に）

座った」の意味で、バルシ・パンのバルシはエンマー小麦のバルシ粉で焼いたパンのことである。

シュメルのパンはイースト菌を使ってふっくらと焼き上げるのではなく、現在でも、インドから西アジア世界にかけて食べられている、ピザパイのパイ皮にも似た、パン窯に張りつけて焼くようなパンであった。中東で食べられている窯から出されたばかりのパンは、日本の焼きたてのかき餅のようで、香り、味がよい。しかし、時間が経つと冷めて固くなってしまうから、温かいうちに食べるのが良い。

泣き女の号泣儀礼

ところで、本章冒頭の記録を注意深く読むと、「二度目に消費した物である」と書かれていることに気がつく。実は「一度目」の記録もちゃんと残っていて、そこには同じ年に、パンだけがガラ神官、泣き女など参列者にシャグシャグから配られたことが記されている。今から四四〇〇年近く前のシュメルの書記たちは実にきちょうめんに記録を残した。

「ガラ神官」には普通の神官とちがう役目があった。彼らは去勢歌手、つまりカストラートで、さすがに后妃の葬儀ともなれば、合唱隊といっても過言ではないほどのガラ神官が参列して、バラグ（楽器の一種、竪琴あるいはハープ）を奏でながら哀悼歌を荘重に歌って故人を弔った。

古くは『古事記』『日本書紀』に触れられ、近年まで沖縄地方などでは見られたという泣き女は東アジアに広く分布していたが、古代オリエント世界にもいた。ラガシュ市でも泣き女たちが大勢集められ、バルナムタルラの死を悼み盛大に号泣した。人間の一生は棺を蓋った時に、どんな生涯であったかいえるというが、本章ではバルナムタルラ后妃の生涯をたどりつつ、シュメルに生きていた女性たちを紹介する。

シュメルの女性群像

「何某の妻」「何某の女」

シュメルの歴史や古代オリエント史の講義をした時に、「庶民はどうしていたか」「平均寿命は何歳くらいか」「識字率はどのくらいか」といった質問をしばしば受ける。歴史学は同時代に書かれた一等史料に基づいて発言する学問であって、史料がないとなんにもいえない。史料なしで発言すれば、それは空想に過ぎないことになってしまう。シュメルでは人口調査はおこなわれていなかっただろうし、戸籍もなかった。したがって、平均寿命も、いわんや識字率もわからない。

庶民について語れるような記録はシュメルを含めて古代史にはほとんどない。結局史料が残っている王やその周辺の人々についてしか語れないことが多い。さらにシュメルに限らず、歴史に登場する名前のある人物はそのほとんどが男性であって、女性はまれにしか登場しない。登場したとしても、その女性自身がなにかを成し遂げたというのではなく、「何某（なにがし）の妻」「何某の女（むすめ）」といった、有名男性「何某」とのかかわりにおいて名前が残っているにすぎない。

男性優位の歴史叙述では、女性が目立つと「女だてらに」の一言で貶（おとし）められた。たとえば、ローマ帝国を敵にまわしたプトレマイオス朝エジプトの女王クレオパトラ七世（前六九—前三〇年）やパルミラのゼノビア女王（二六七—二七二年）は「悪女」の汚名を着せられた。大ローマを敵にまわして天晴（あっぱ）れと褒められることはあまりない。

我が国には過去に一〇代八人の女帝がいたが、同じ東アジアの国である中国では皇帝は男性であって、則天武后（六九〇—七〇五年）などは例外であった。また、ローマ帝国でも皇帝は男性だけであって、女帝はいなかった。

二一世紀の「イラク戦争」では米軍に女性兵士が従軍しているが、ローマ史や中国史を見ればわかるように古代国家の君主、帝王となると、最高行政官のみならず最高軍司令官として親征することもあるので、出産育児の役割をもつ女性には務まらない激務といえる。

シュメルのモナ・リザ

ルネサンス時代の巨匠レオナルド・ダ・ヴィンチ（一四五二―一五一九年）描くところの「モナ・リザ」（ルーヴル美術館蔵）はその謎めいた微笑みが多くの人々を魅了し、「永遠の女性」の代名詞として使われている。

それにちなんで、というよりも、それより古いのだから、「たとえて」という方が正確だが、「シュメルのモナ・リザ」と呼ばれる像がある（本章扉写真参照）。本家「モナ・リザ」に先立つことなんと四五〇〇年も以前の、ジェムデト・ナスル期（前三一〇〇―前二九〇〇年頃）に属す白大理石製頭部像（高さ二〇センチメートル）で、ウルク遺跡から出土し、イラク博物館に収蔵されている。発掘された時点ですでに鼻の先が欠け、象嵌（ぞうがん）されていた眼や眉はなくなり、頭部に被っていた被り物もなくなっていて、なんとも無残な状態である。「イラク戦争」（二〇〇三年）でバグダードが陥落した後にイラク博物館から略奪された。その後売買されそうになっていたところを、民家の裏庭に隠されていたのが発見され、無事に博物館にもどった。彼女が誰であったか、女神、后妃、女神官などの像ともいわれるが、その名前を知る術はない。

しかし、発掘された場所の現代名から別名「ワルカの婦人」とも呼ばれる、人間の顔の彫刻としては最古級であるこの大理石像をじっと見つめていると、閉ざした唇が開かれ、なにごとか語りかけてきそうな気がする。頬や口許の微妙な表現はあきらかに最古の「個性ある女性」を表現したもののようだ。本章扉の想像復元図はイラクで発行されていた学術雑誌『シュメル』第二巻（一九四六年）に収載されていた。『シュメル』は粗悪な紙で、印刷や写真も悪かった。シュメル関係の重要な論文が載っていたが、残念ながら相次ぐ戦争で現在は発行されていない。

シュメルただ一人の女王クババ

『シュメル王朝表』（『シュメル王名表』ともいう）には初期王朝時代シュメルの王朝名、王朝に属す王名とその治世年数などが列挙されているが、男性の王たちに混じって女王の名前が一名ある。キシュ第三王朝のクババ（クバウともいう）女王である。

キシュ市で、「ぶどう酒の婦人」クババ、キシュ市の基礎を固めた者がルガル（＝王）となり、一〇〇年支配した。

『シュメル王朝表』によると、クババ女王一代でキシュ第三王朝は終わって、王権はアクシヤク市に移り、その後にまたキシュ市にもどって来る。これがキシュ第四王朝で、クババの子、プズル・シン王がまず支配した。ついでプズル・シンの子、ウルザババが王位を継承した。このウルザババ王にサルゴンは「酒杯官」として仕え、やがて独立して、アッカド王朝初代の王となったという。

かりにクババ女王の名前がはいった円筒印章が出土するとか、王碑文が発見されれば、女王の実在が証明できる。もし実在が証明されるならば、前二二世紀頃に実在したエジプト最古の女王ニトイケルティ（前二一九三―前二一九一年頃）よりも古く、歴史上最古の女王になるだろうが、現時点では実在を証明できていない。だが、一方でクババの伝説は後代まで広まっていた。

「居酒屋の女主人」

クババは「ぶどう酒の婦人」と書かれているが、この言葉は「居酒屋の女主人」あるいは「酌婦」とも訳されている。

『ギルガメシュ叙事詩』標準版第一〇の書板に登場する女性シドゥリも「酌婦」と呼ばれている。「酌婦」というと、日本では賤しい職業との固定観念があるが、古バビロニア時代には居酒屋は販売だけでなく醸造もおこない、女神官が居酒屋を所有していた例もある。また、シドゥリは人間ではなく、神であることを示す限定詞がつき、イシュタル女神を指して

ウル王墓の発掘

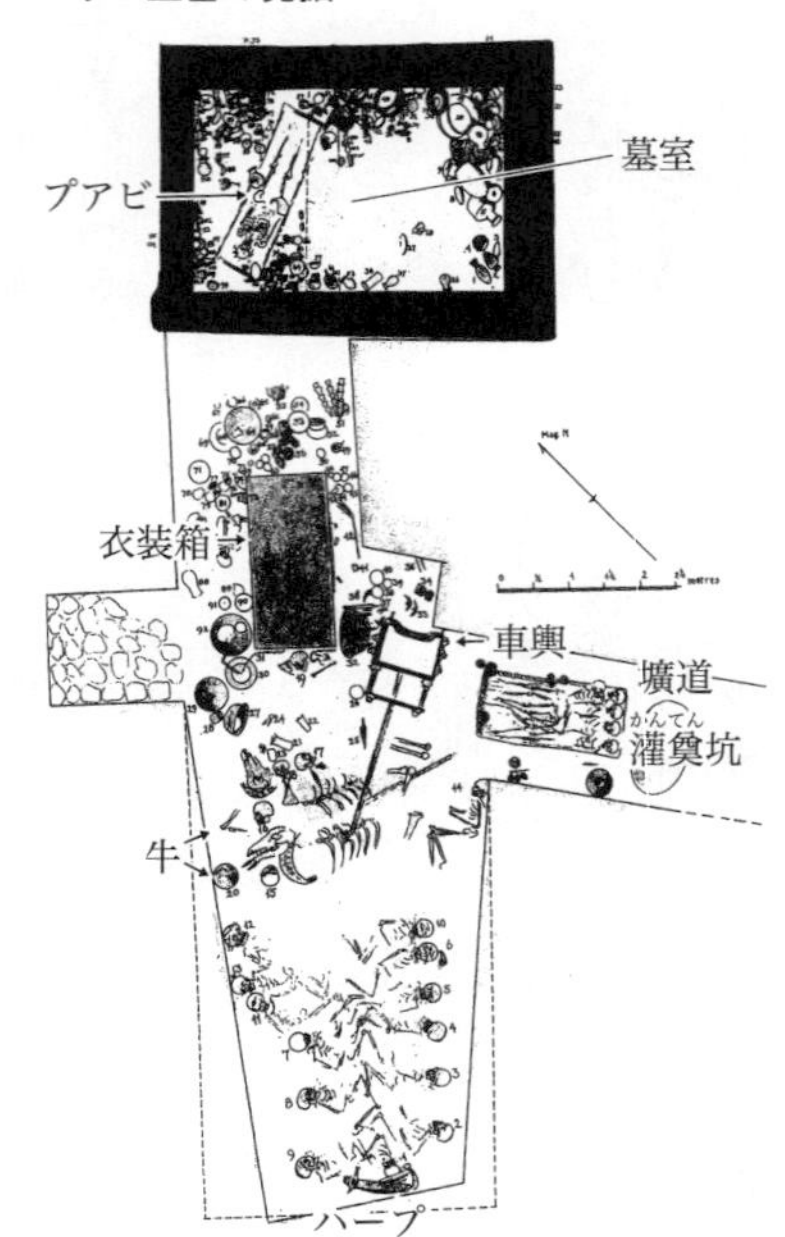

800号墓

いるという説もある。イシュタルはシュメルのイナンナ女神のアッカド語名で、愛と豊饒の女神である。ウルク市を中心に広く信仰され、キシュ市でも祀られていた。

さて、アッカド語で書かれた「占卜文書」には、「異常な出産で生まれた子が両性具有で、男女両方の生殖器を持っていたら、それは国を支配したクババの予兆である」と記されている。つまりその両性具有の子が生まれた王の国は荒廃することになるとの不吉な占いの結果で、少なくとも後代の人々は、クババ女王の孫といわれるウルザババ王がサルゴンに王権を簒奪された事実は知っていたことになる。

「プアビ、ニン」

クババ女王の実在は現時点では証明できないが、前二六〇〇年頃に間違いなく生きていた女性がいる。その名前をプアビという。

プアビ后妃の髪飾り復元図

プアビの円筒印章印影図　饗宴の場面　上段左端に「プアビ、ニン」と書かれている

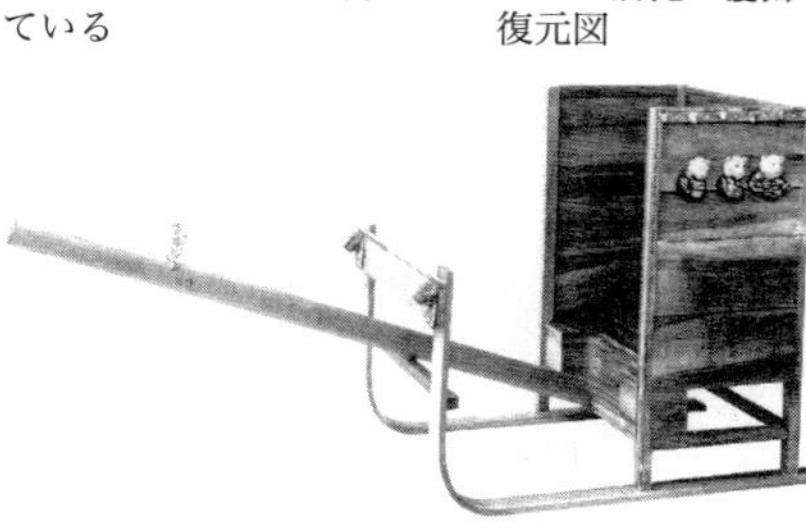
プアビ后妃の橇（そり）　復元　高さ115センチメートル　ライオンや牡牛頭部などで飾られている

一九二七年に、英国人の考古学者、L・ウーリーによってウル市で殉葬者をともなう「王墓」が発見された。その五年前、一九二二年にエジプトで発見されたツタンカーメン（前一三七四―前一三三八年頃）の墓にも優るとも劣らない、王や后妃、殉死した侍女や兵士の遺骨といっしょに豪華な副葬品が見つかった。こうした発掘の成果が、当時

の欧米のメディアを沸かした。

そのうちのひとつ、八〇〇号墓からは、ラピスラズリ製の円筒印章が発見され、「饗宴の場面」の図柄とともに「プアビ、ニン(シュメル語で后妃)」と書かれていたことから、墓室内の被葬者はプアビと判明し、この墓は「プアビの墓」といわれるようになった。死坑内に二〇人、壙道に五人そして墓室内に三人の殉葬者が発見され、衣装箱、ハープ、竪琴、遊戯盤や橇などの副葬品からシュメル人が豊かな美意識や高い技術を持っていたことが証明される。

殉葬者と豪華な副葬品をともなって埋葬されたプアビ自身は四〇歳ぐらいと推定され、墓室内の棺台の上に横たわっていた。プアビはきらびやかな盛装で、金銀、ラピスラズリなどを使用した髪飾り、黄金製首飾りや耳飾りをつけ、さらに指には黄金製の指輪を一〇個もはめていた。装飾過多で、存命中ならば悪趣味な気がするが、プアビは死後の世界にお気に入りのアクセサリーを全部持っていったのであろう。遺骸のそばには黄金製容器、ピンや化粧品をいれた貝殻製容器なども置かれていた。

「ウル王墓」の后妃は「殉死」か?

プアビは殉葬者をともなって埋葬されていたが、そのプアビ自身も「殉死」であった可能性がある。それから約五〇〇年後、ウル第三王朝時代のウル王家では后妃は夫である王の死後に死者として祀られている。王の死後すぐに后妃が都合よく病死したとは考えにくく、「殉死」したようである。

ウル第三王朝の第二代シュルギ王の后妃たちのうち、少なくとも二人は「殉死」した（二七八頁参照）。

しかし、したたかな后妃もいた。第三代アマル・シン王（前二〇四六―前二〇三八年頃）の后妃アビ・シムティは夫アマル・シン治世のみならず、次のシュ・シン王治世（前二〇三七―前二〇二九年頃）にも前王の后妃として活躍していた。これは例外的であるといってよい。アビ・シムティは無能な夫アマル・シンに愛想をつかした女丈夫だったようで、男性から見れば悪妻になる。正統な王位継承者ではなかったシュ・シン（アマル・シンの兄弟あるいは息子）に目をかけて王位簒奪を助けたことで、宮廷内で隠然たる勢力を有していたようだ。

「死人に口なし」だが、アマル・シンにしてみれば、王位を簒奪したシュ・シンに与（くみ）したアビ・シムティに殉死されても嬉しくないだろう。一方で、夫の寝首をかいたアビ・シムティにしても、殉死は真っ平ごめんだったにちがいない。多少なりとも愛情のかけらが残っていないことには、殉死はできないであろう。

だが、さすがのアビ・シムティもシュ・シンが亡くなるとすぐ、シュ・シンの后妃クバトゥムとともに死者として祀られた。アビ・シムティは一代遅れの「殉死」にちがいない。

こうしたウル市における後代の例を踏まえると、約五〇〇〇年前の「ウル王墓」の「后妃」も殉死であったと考えられる。この五〇〇〇年間の「殉死」についての史料も考古資料も現時点ではないが、ウル王家では「貞女二夫にまみえず」で、いったいどれくらいの数の后妃が殉死させられたのだろうか。

「殉死」は男性と女性では意味がちがっている。明治天皇に対する乃木希典(まれすけ)大将の殉死（一九一二年［大正元年］）のように、男性は多くの場合「忠臣は二君に事(つか)えず」で、君の後を追って来世においてもお仕えしますとの「忠義」を死によって示す。女性であっても、女主人に仕えていた宮女たちは男性と同じ意味の、「忠義」による「殉死」になるだろう。

いつの世でも夫に貞節は要求されない。妻が死んだからといって、夫が「殉死」することは古今東西の歴史にあまりないであろう。妻に殉じる夫がいたとしても、「女々しい男」の一言で片づけられてしまう。我が国で妻に先立たれた高名な作家が後追い自殺した事件があったが、ほめる人はいなかったと記憶している。一方、妻であった女性は古い言葉だが「操を立てる」ことが要求され、夫の後を追うことは「貞女の鑑(かがみ)」であった。たとえば、インドには「サティー（寡婦焚死(かふふんし)）」という残酷な習慣があり、この悪習を廃止するのは容易ではなかったという。

グデア王の后妃ニンアルラ像

ルガルアンダ王の円筒印章印影図「ルガルアンダヌフンガ、ラガシュ市のエンシ」と王の正式名で書かれている。図柄は初期王朝時代に好まれた「動物闘争図」

后妃の結婚生活

エンエンタルジ、ルガルアンダおよびウルイニムギナ三代

シュメル社会は原則として一夫一婦制で、ラガシュ市のエンエンタルジ以下三代の王たちは「ダム（＝妻）」と呼ばれる后妃は各一人である。約二世紀後のグデア王は確認できる限りで、妻はウルバウ王の娘ニンアルラとゲメシュルパエの少なくとも二人はいたようだ。ウル第三王朝になると、たとえば第二代シュルギ王には多くの妻がいたし、彼の後継者たちにも複数の妻がいた。

さて、本章冒頭にあげた「后宮」の会計簿が書かれたのは、ウルナンシェ王に始まって六代続いた「ウルナンシェ王朝」がエンアンナトゥム二世で終わった時代より後のことである。前二三五〇

年頃にラガシュ市の王となったエンエンタルジはウルナンシェ王家の傍系だったようで、エンメテナ王の治世にニンギルス神殿のサンガ職にあった。同じサンガ職であったドゥドゥの子になるだろう。エンエンタルジの后妃はディムトゥル、後継者となった息子がルガルアンダである。弔われたバルナムタルラはルガルアンダの后妃であった。

すでに触れたようにルガルアンダは王権を簒奪された。彼の後にラガシュ市の王となったのは前章で登場した「恨み節」王のウルイニムギナで、后妃はシャグシャグである。

三代の王の治世は約二〇年になる。史料となる王碑文はエンエンタルジ、ルガルアンダ父子のものはわずかだが、ウルイニムギナのものは約六〇点残っている。

会計簿からわかった王宮の所在地

この三代の治世については行政経済文書がある。三代にわたる「后宮」の会計簿が主で、一七〇〇枚ほど残っている（一八一頁参照）。会計簿はおおむね物品の出し入れの記録で、人名と物品の数量が羅列され、合計の欄に用途などが簡潔に説明され、都市国家分立時代最末期のシュメルの社会・経済などを知る貴重な史料である。

だが、同時に「バルナムタルラが犠牲を捧げた」「マシュダリア（一種の贈物。一六四頁参照）。バルナムタルラが女の子を出産した時に、（彼女のところへ）いったものである」のような合計欄の簡潔な説明から、后妃の活動を垣間見ることもできるのである。

「王宮」の所在地は会計簿からわかった。「王宮」はシュメル語でエガルといい、「大きい家」を意味した。ラガシュ市の「王宮」は行政・経済の中心で、エンエンタルジ王治世四年の記録が初出である。ルガルアンダ王治世四年の会計簿には「エンシ（＝王）がギルス地区で王宮において査閲した」と書かれている。

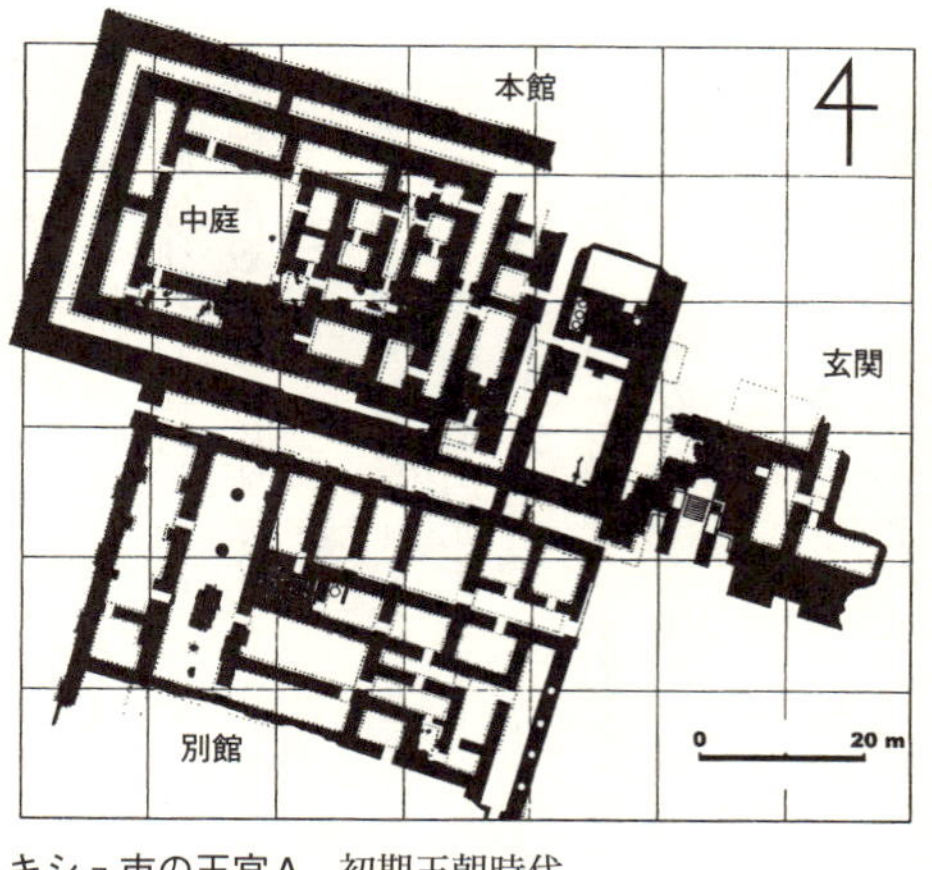

キシュ市の王宮Ａ　初期王朝時代

ところが翌年には「后妃がシララ地区の新月神殿にいった折に、シララ地区で王宮に持参した」と書かれていることから、王宮はシララ地区へ移動し、その後のギルス地区はルガルアンダの后妃バルナムタルラが管理したようだ。

古バビロニア時代のマリ市の王宮などのように、後代の王宮は発掘されているが、初期王朝時代の王宮で発掘されているのはキシュ市の王宮だけであって、ラガシュ市の王宮も厚い壁の、似たような構造ではなかっただろうか。

「后宮」の女主人

シュメルでは、現代風の表現をすれば、夫婦でもお財布は別であった。王家でも同じことで、后妃は独自の経営体を持っていた。

后妃の宮殿とそれに所属する倉庫や、さらに広くは后妃が管理する世帯全体を「エミ」という。「エミ」はシュメル語では「女の家」の意味であるが、「後宮（ハレム）」のことではない。ここでの「女」とは后妃を指すので、「后宮」などと和訳される。

エンエンタルジ王の后妃ディムトゥル、ルガルアンダ王の后妃バルナムタルラ、ウルイニムギナの后妃シャグシャグは「后宮」の歴代の女主人であった。

ディムトゥルの「后宮」は私的使用人たちの集まりで、日常的に働く女性たちなどは数十人であったが、次のバルナムタルラの「后宮」は大きくなり、七〇〇人を超す人々が働く、公的な組織に変質した。

「后宮」の実務はヌバンダと呼ばれる最高責任者が掌握していて、所属民への大麦支給、耕地の検地などをおこなった。女主人バルナムタルラにはヌバンダ職のエンイグガルがよく仕えていたが、エンイグガルはバルナムタルラの次の女主人シャグシャグのヌバンダ職にも就き、二人の后妃に仕えた。

バルナムタルラ后妃の印章

バルナムタルラ后妃の
円筒印章印影図

エンイグガルの円筒印章印影図「エンイグガル、エミ（＝后宮）の書記」、ここでは肩書きがヌバンダではなくドゥブサル（＝書記）になっている

バルナムタルラはすてきな円筒印章を持っていた。「バルナムタルラ、ラガシュ市のエンシ（＝王）（である）ルガルアンダのダム（＝妻）」と上段右に名前が刻まれている。

印影図しか残っていないが、実物が残っていたとしたら、高さが四・八センチメートル、直径一・二センチメートルの細長い印章であろう。印材は、L・ウーリーが「ウル王墓」で発掘したプアビ后妃の印章のように高価なラピスラズリであったかもしれない。

バルナムタルラの印章は印面を珍しいことに三段に分け、図柄は初期王朝時代に「饗宴図」とともに好まれた「動物闘争図」だが、バルナムタルラの好みだったのだろうか、なんともやさしげな「動物闘争図」で、「闘争」というよりも「抱擁」に見えなくもない。

印章の図柄を見た限りでは、バルナムタルラは美的なセンスの良い女性であったように想像できる。おしゃれな細い円筒印章は護符をかねたアクセサリーとして、身につけていたのではないだろうか。

「政略結婚」

王侯、上流社会の結婚となれば、「両性の合意」のみで結婚は成立しうるものではなく、バルナムタルラの結婚も周囲の思惑で決まる「政略結婚」であったにちがいない。「政略結婚」は人間の結びつきを強めるには有効な手段で、現代の日本でも政界や財界では「閨閥（けいばつ）」ということばは生きている。だが、「政略結婚」即不仲な夫婦とは限らない。結びつきの経緯はともかく、睦まじく添い遂げる夫婦も少なくない。

バルナムタルラはシュメル女性にしては珍しい名前である。シュメル女性の名前で、たとえばゲメバウ「バウ女神の女奴隷」、シャグシャグ「美しい美しい」、ミシャガ「美しい女性」といった名前は女の子が生まれた時に親がつける名前としては理解できる名前である。ところが、バルナムタルラの名前の意味は「運命の聖堂（あるいは玉座）」と解釈でき、シュメル人の親がつける名前としては不自然で、遠方から嫁いで来て、その後につけたシュメル語名かもしれない。

また、バルナムタルラはパプパプ（ほかの読み方もありうる）という名前も持っていて、宗教的な名前ではないかともいわれている。

「政略結婚」は外交の要諦であった。ウル第三王朝では、王たちは北東方から東方にかけて、つまりティグリス河上流東岸からエラムにかけた地域に集中して遠征活動をおこなった。北東山岳方面はアッカド王朝時代におけるグティ人の侵入以後、エラムなど蛮族の侵入路となっていた。そこで、エラムにいたる要地デール市には王族将軍を配置し、エラムよりも奥地には遠征をおこない、同時に「政略結婚」によって懐柔にこれ努めた。第二代シュルギ王は娘たちを嫁がせ、第四代シュ・シン王や第五代イッビ・シン王（前二〇二八―前二〇〇四年頃）も娘を嫁がせた。

娘たちを嫁がせる一方で、ウル第三王朝の王たちはハブル河やディヤラ河などの辺境地域から后妃を迎えていた。つまるところ、王族の縁組みは、国家を維持する重要な政治であった。

父親の同意

庶民の結婚もまた「両性の合意」で決まることはなく、「父親の同意」が不可欠であった。「ディティラ（＝裁判）文書」に見られる記録は当然のことながら「離婚沙汰」といった失敗した結婚の記録であるが、父親の同意を得ていない結婚が無効になった「判決文」もある。

結婚は父親によって取り決められる。男性が女性の父親に婚資を送ると「婚約」が合法的に認められた。婚約締結が法的に婚姻成立の拘束力を持ち、しばしば婚約は契約書の作成で完了した。

結婚に際しては家父長である父親の同意が不可欠であったことを示す、次のような裁判の記録がある。婚姻契約を結び、王の名にかけて証人の前で婚姻締結を宣言した。

判決文
菜園管理人であるアナナの息子、シェシュカルラが出廷し、「王の名によって誓う。ウルガルの娘であるニンアブバナを娶(めと)った」と証言した。マガ、ニンエインズ、ウルニンアズ、ルガトゥムドゥ。彼らが（それを保証する）証言をした。そして、彼（＝シェシュカルラ）の父親アナナの（同意の）言葉も得られた。シェシュカルラがニンアブバナを娶った（ことが確定した）。

エンリル神の嫁取り

神の結婚もまた「両性の合意」ではなく、保護者の同意が必要であった。

『エンリル神とスド女神』はシュメルの最高神エンリル神の嫁取りにまつわる神話である。エンリルは妻にする女性をさがしていた。ハヤ神とニサバ女神の娘スド女神を見初め、エンリルは直接スドに結婚を申し込むが、スド自身がそれを断る。

そこでエンリルは家臣のヌスク神を使者にたて、スドの母であるニサバ女神に名乗りをあげ、贈物やスドの将来を約束して、結婚を申し込む。

婚姻が取り決められると、さまざまな動物や食物などからなる莫大な贈物がニサバの元に届く。スドは、小姑になるエンリルの姉妹アルル女神に付き添われてエンリルの元へ輿入れし、「ニンリル女神」と呼ばれるようになった。

最高神エンリルといえども、権力にものをいわせて強引に気にいった女性を妻にすることはなかった。シュメル社会の嫁取りの習慣や段取りを踏まえたこの話から婚約成立前後の段取りがわかる。エンリルはスドの母親と交渉しているが、母ニサバはこの場合「家父長」的な保護者にあたる。婚約成立には贈物が必要であった。また、小姑つまり花婿の姉妹が婚礼でなんらかの役割を果たしていたようだ。

「神話」は神々や英雄が繰り広げる空想に富んだ物語であるが、「神話」を作ったのは人間であるから、当然「神話」には人間社会の制度や文化などが反映されている。そこで、神話から逆に人間世界について知ることもできるのである。

花嫁の化粧

女性の生涯一度の晴れ姿といえば、花嫁姿である。ところが、美しく化粧した花嫁の顔を出し惜しみするかのように隠す習慣がある。我が国の綿帽子は花嫁の顔を最初に花婿に見せるための仕掛けだという。シュメルでも、綿帽子や洋装のベールの場合と同じように、婚礼の際には花嫁に布を被せ、それを花婿が取るようなことをしたらしい。

『イナンナ女神讃歌』には「(彼女は)共に身を横たえる男が(花嫁として)布を被せることなく、妻にはなれない女である」と書かれている。

布で隠した花嫁の顔には入念な化粧がされていた。

『シュルギ王讃歌X』では、花嫁であるイナンナ女神が花婿のために念入りに化粧を施したことが書かれている。

牧人ドゥムジ神(=花婿)のために、私(=イナンナ女神)は湯浴みし、
私は私の脇腹を練り物(?)で飾り立て、
私は私の口にシェムブルグ(不明、口紅のようなもの?)を塗り、
私は私の目を化粧墨で縁取りしよう、

「ウル王墓」のプアビやほかの被葬者の墓から複数の貝殻が発見され、中には化粧用の顔料がはいっていた。白、緑、青、黄、赤、紫そして黒とさまざまな色の顔料が見つかったが、緑と黒の化粧用顔料が多く、アイシャドー、アイラインそして眉墨の顔料だろう。

「ウル王墓」よりも時期的に少し後のキシュ市の墓地からも化粧用容器の貝殻が発見されたが、半分以上の男性の墓、子供の四分の一の墓から、その容器が発見されたのに対し、女性

化粧する女性想像図　ウル王墓出土の髪飾りや耳飾りをつけている

化粧品のはいった貝殻　幅14センチメートル　プアビ后妃の墓から出土

の墓からは四分の一弱しか出土していない。ということは、目の周囲に色を塗ることは化粧用というよりも魔除け、あるいは眼病予防のような意味があったのかもしれない。

緑色の顔料は藍銅鉱（＝アズライト）、燐灰石（＝アパタイト）、孔雀石（＝マラカイト）のような銅を含んだ鉱物に白鉛鉱などの白色の鉱物をまぜた。また、黒色の顔料はマンガンだけか、マンガンとほかの鉱物性の顔料を混ぜていた。

シュメルは沖積平野で鉱山はなく、鉱物は外国から輸入した。シュメルの化粧品は舶来製品ということになり、高価なものだったことは間違いない。

目がチャームポイント　マリ遺跡出土女性像　石膏　頭にはポロスと呼ばれる帽子を被っている

夫婦間の権利義務

女性の処女性は重視されていた。妻は夫に貞操義務があったので、不貞を疑われた妻は河の神による神判を受けなければならなかった。古バビロニア時代の「神名表」ではティグリス河はイディギナ神と書かれ、水を掌（つかさど）るエンキ神の名前の一つでもあった。「河」は神であった。

夫婦間の権利義務について、「ウルナンム『法典』」には次のように書かれている。

第六条
もし人（＝自由民の男性）が若い男性の（床入りを済ませていない）処女である妻を、暴力に及んで犯したならば、その男性は殺されるべきである。

第七条
もし若い男性の妻が自分の意思でほかの男性にしたがい、彼と性的関係を結んだならば、その女性を殺し、その（相手の）男性は解放されるべきである。

第八条
もし人が人の（床入りを済ませていない）処女である奴隷身分の妻に暴力に及んで、犯したならば、銀五ギンを量るべきである。

第九条
　もし人が彼と対等（の身分？）の妻を離婚するならば、彼は銀一マナを量るべきである。
第一〇条
　もし人が寡婦（であった再婚の妻）を離婚するならば、銀二分の一マナを量るべきである。
第一一条
　もし正式な契約文書なしに寡婦と性的関係を結んだならば、彼は（離別に際して）銀を量る必要はない。

見つめあう夫婦像　素焼き粘土の小板　高さ11センチメートル　前22―前21世紀

第一四条
　もし人が若い男性の妻を乱交の故に訴え、河の審判が彼女への疑いを晴らしたならば、彼女を訴えた男性は銀二〇ギンを量るべきである。
（一ギン＝約八・三グラム　一マナ＝約五〇〇グラム）

女性の処女性は重視されていたことを第六条、第八条は表している。シュメル社会は身分がちがえば絶対結婚できないというような厳格な身分制社会ではなかったものの、妻の身分が自由民か奴隷かによって刑罰がちがい、ゆるい身分制社会であったことを表している。

　妻は貞操を守る義務があったことを第七条に見ることができるし、第一四条にあるように「不倫をしている」と他人から後ろ指をさされれば、その疑いを河の神の裁きによって晴らす必要があった。銀を量って賠償する進歩的な規定が多く見られるシュメル法の中で、古代ならではの条文である。

　離婚となれば慰謝料だが、第一〇条に明記されているように「二夫にまみえた妻」の慰謝料は半額である。

　また、第一一条に見えるように、契約書なしの内縁関係では、慰謝料は払う必要はなかった。

　夫婦は同居の義務があったが、財産は別であった。

　妻は結婚に際して実家から持って来た持参金と、夫から贈られたものを彼女の「特有財産」とした。「特有財彦」とは夫婦の一方が婚姻前から持つ財産および自己の名で得た財産のことを指す。夫が死ぬと、夫の財産は息子が相続した。未亡人となった妻は自分の財産で自活するなり、再婚するなり、あるいは息子などに養ってもらうことになったようである。息子が両親の遺産を優先的に相続したが、娘にも相続の可能性はあった。「建築家グデア王の像」（一八二頁参照）には「息子がいない家は娘を相続人にすべし」と書かれている。

妻が病気になったからと離別するようなことは許されず、夫は妻を扶養する義務があった。だが夫には、妻に子供ができないような場合には重婚が許されていた。

世界最古のDV

現代では「両性の合意」が尊重され、好きあった二人が夫婦となるが、誰もが仲良く添い遂げるかというとなかなかそうはいかない。DV（ドメスティック・バイオレンス。「家庭内暴力」）という嫌な言葉が世間を賑わせている。「釣った魚に餌はやらない」とばかりに、妻を虐待する夫がいるようだ。こうした現象は今に始まったことではなく、シュメルにもあった。

貫禄のある熟女像

「沈黙を守る妻の事件」と現代の学者たちが呼んでいる話で、これも学校の教材であった。シュメルの学校は書記つまり役人の養成機関だから、なんといっても法律の勉強は欠かせなかった。

イシン第一王朝第六代ウルニヌルタ王（前一九二三―前一八九六年頃）の治世に、シュメルの地で殺人事件が起き、王に奏上された。そこで、王はこの事件の審理を法廷の役割も果たすニップル市の市民会に命じた。その殺人事件の概要は以下のようなものであった。

――神殿に勤める役人ルイナンナが三人の男たちに殺された。奇妙なことに、犯人たちはルイナンナの妻に夫を殺したことを話したが、彼女はこのことをお上に届け出なかった。やがて三人の男たちは捕まった。ニップル市の市民会では、三人の実行犯のほかに、殺されたルイナンナの妻は共犯を疑われ、処罰されるべきだとの意見が出された。だが、妻は殺害の事前謀議に加わっていないと弁護してくれる人々がいた。しかも、ひどい夫だったようで、夫は彼女を扶養していなかったらしい。妻が沈黙していたのには、それだけの理由があったということになる。

判決は実際に殺人を犯した三人の男たちだけが死罪と宣告され、もちろん妻はお咎めなしで、一件落着した。

多忙なファースト・レディー

DVは極端な例で、多少の夫婦喧嘩はあるにしても、たいていの夫婦はいたわりあい、支えあって長い人生を生きていく。王と后妃でも、それは同じことで、私生活だけでなく、公務でも助けあった。

后妃は王の役割を補佐し、ラガシュ市の祭祀を掌(つかさど)り、外国との外交、通商もおこなった。

夫でもあり王でもあったルガルアンダが存命中には、ラガシュ市のファースト・レディーであったバルナムタルラは忙しかった。

ラガシュ市にはさまざまな神々を祀った神殿が多数あり、いくつもの公的な祭礼があった。こうした祭礼の際には后妃が犠牲を捧げていた。

たとえば、ルガルアンダ王治世三年における「ナンシェ女神の大麦を食べる祭」では七日間にわたって、「ナンシェ女神の麦芽を食べる祭」では八日間にわたってバルナムタルラはラガシュ市内のギルス地区、ラガシュ地区そしてシララ地区をまわって犠牲を捧げた。

后妃のお出ましともなれば、徒歩ではない。ろばに牽かせた御座車に乗った。強い日差しから肌を守るために豚の脂を身体に塗って戸外で働くような民衆にとって、祭礼時などに御座車に乗って華やかな姿を現すバルナムタルラは、彼らとはほど遠い高貴な存在で、憧れの的であっただろう。

贈物の交換

ルガルアンダ王治世三年には、バルナムタルラはアダブ市の后妃ニンギスティムティとの間で贈物の交換をした。前で話したように、この行為には、ウンマ市の北方に位置するアダブ市と親密になることで、隣接する宿敵ウンマ市を牽制する目的があった。

外交では女性にも活躍の場がある。現代でも首脳外交、王室外交ともなればそれぞれの国の特産品を贈物にして交換するが、二人の后妃はファースト・レディー間で贈物を交わした最古の例になるであろう。すでに一回目の贈物の交換があって、文書は二回目の贈物の交換を記録している。

成熟した牝のろば一〇頭、黄楊(つげ)の足置き台一台、小さな黄楊のピン一本、小さな……象牙のピン一本、アダブ市のエンシ(=王)の妻、ニンギスティムティがラガシュ市のエンシ、ルガルアンダの妻、バルナムタルラに二度目の贈物をした。

この後も、交換される贈物が列挙され、贈物は后妃の間だけでなく、ラガシュ、アダブそれぞれの使者にも与えられている。

后妃として母として

出産と育児

バルナムタルラはルガルアンダ王治世四年には子宝に恵まれ、女の子を出産している。この時期がバルナムタルラにとって一番幸せな時期だったかもしれない。

助産婦がいたが、后妃のお産ともなれば、産科医が立ち会ったとも考えられる。前二二世紀頃にラガシュに実在した産科医の円筒印章の図柄は、角のある冠を被った神と医療器具のような細長い棒が描かれて、「エディンムギ神、シャッカン神のスッカル職、出産する母を助ける者。医者ウルルガルエディンナはあなたの僕（しもべ）」と記されている。

バルナムタルラは母乳が出たであろうか。母親のすべてが子供を母乳で育てられるとは限らない。母乳が出なくても現代は粉ミルクがあるが、母乳の出ない母親は古代では大変だった。西アジア各地の遺跡から球形や動物の姿を象（かたど）った可愛い粘土製の哺乳瓶が出土している。こうした哺乳瓶は貴賤を問わず利用しただろう。瓶の中には粘土製のフィルターをつけるなどの細かい親心が示されている。母乳が不足すれば、貰い乳をしたり、牛や山羊のミルクを利用したようだ。

産科医の円筒印章印影図　神像の右側に医療器具

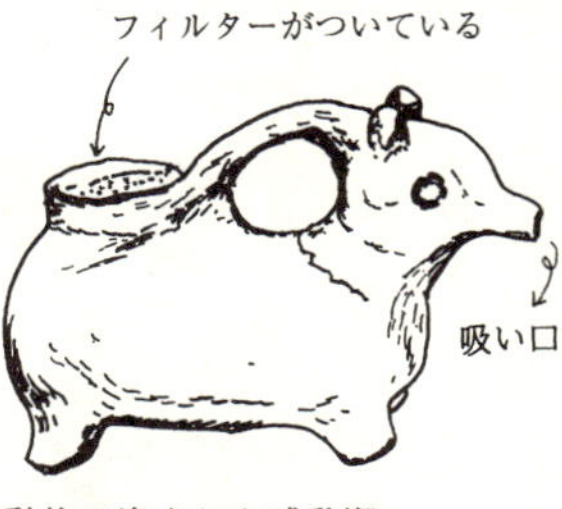

動物の姿をした哺乳瓶
ヨルダン出土　土器

メソポタミアでも乳母はいた。富裕な人々は乳母を雇えた。「ハンムラビ『法典』」第一九四条に、両親が息子に乳母を

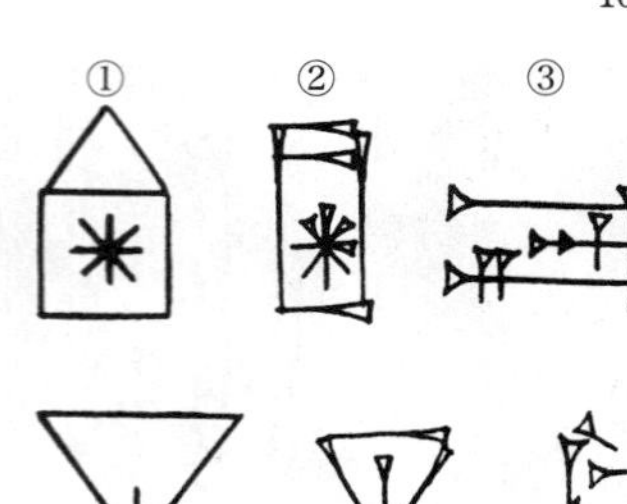

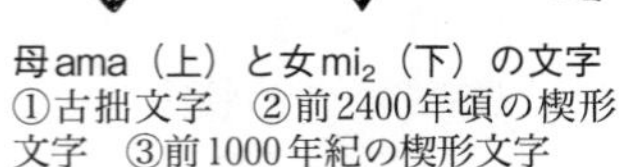

母ama（上）と女mi_2（下）の文字
①古拙文字　②前2400年頃の楔形文字　③前1000年紀の楔形文字

雇ったのに、その子が乳母の手の中で死んでしまった場合やその乳母が死んだ子の両親にいわないでほかの子に授乳した時は両方とも契約違反であるから、乳母の乳房を切り取らせるべしと、定められていた。

母と子の祈願者像
なにを神に願ったのだろうか。女性像の足元には小さな子供の足が残っている

出産御祝

新しい生命の誕生はおめでたいことで、現代の日本ならば可愛らしい産着やぬいぐるみの人形、あるいは現実的にお金を「出産御祝」として贈ることになる。

ルガルアンダ王治世にはことに「マシュダリア」と呼ばれる、貢租（こうそ）の性格が強い贈物の習慣があった。「マシュダリア」の本来の意味は「山羊を連れて来ること」で、王や后妃などにシュメル社会の有力者層が贈物をしたが、実際の贈物は山羊だけではなかった。

バルナムタルラの出産を祝って、ラガシュ市の有力者たちが持って来た「マシュダリア」

は、たとえば酒杯官長は牡の幼牛一頭を、船頭の妻は牡羊一頭であった。

なお、こうした贈物は「后宮」ですべて消費してしまうことはなく、余分なものは商人を通じて売ることもあった（二〇九―二一〇頁参照）。

ウガリト王宮西側の防衛設備　中継貿易で栄えたウガリト市の王宮にはこうした設備があったが、前1200年頃に「海の民」の移動で滅亡した

『理想の母』


シュメルの文字「ミ（女）」は女性器そのものの象形文字だが、「アマ（母）」という文字は「家」の中に「神」という象形文字である。男の子にとっては母親こそ人生最初の恋人であるというが、マザー・コンプレックス、「母親依存」以外のなにものでもないようなルディンギルラという名前の男性についての話がある。

ルディンギルラはニップル市にいる母を気遣い、使者に手紙を持たせてやることになったが、使者は母の顔を知らないので、ルディンギルラは母の特徴を五つに分けて教える。

母は家事をみごとにこなし、人々から好かれていた。母は「大空の明るい光」「マルハシ市から持って来た黄玉（トパーズ）」「ディルムン産の甘いなつめやし」と、宝石、動植物などにたとえて母の美しさやすばらしさを並べ立てている。ここまで自分の母親を褒めちぎるのかとあきれてしまうような「特徴」である。

最後に、使者が母の前に立ったら「あなたの最愛の息子ルディンギルラは元気です」というようにと締めくくっている。

これは『理想の母』あるいは『ルディンギルラの母への伝言』と呼ばれている文学作品である。前二〇〇〇年紀はじめにニップル市の学校で作られた。息子が母親を褒めることは悪いことではないし、母親の美しさをたとえる際にさまざまな物の名前が出てくることは教材としてふさわしかったのだろう。多くの人の共感を得たようで、数百年後にはシリアの地中海に面したウガリト市（現代名ラスシャムラ）でもこの作品は知られていたし、ヒッタイト語にも翻訳された。

后妃の子守歌

バルナムタルラは娘をあやす際には子守歌を歌っただろう。ファースト・レディーとしての激務を忘れ、いとしい幼子の寝顔を見て癒やされたにちがいない。

子守歌を作った后妃がいた。バルナムタルラよりも二五〇年後にシュルギ王の后妃の一人は「ご主人様シュルギ神の息子」のために子守歌を作った。

子守歌にはシュメル語でエメサル（「女の舌」）と呼ばれる「女言葉」が使われている。たとえば、普通のシュメル語つまりエメギ（「正しい舌」）では「エン」という単語がこの子守歌では「ウムン」というエメサルが使われている。「エン」も「ウムン」も「主人」の意味である。女言葉であるから、あえて和訳すれば「ご主人様」になるだろう。

赤子をあやしながら、気の早いことに、母は息子が大人になった時を想像する。幸福な結婚をし、彼自身の子を持つことを願う。

私が歌っている間に、坊やがたくましく育ちますように、
私が歌っている間に、坊やが大きく育ちますように、
坊やが木の根のように強い基礎を置きますように、
坊やがシャキル植物のように広く枝を広げますように。

授乳する母と赤子　素焼き粘土の小板　高さ約10センチメートル　前22―前21世紀

（中略）

坊やの妻は坊やの暖かい抱擁に横たわりますように、
坊やの息子は坊やの広げた腕の中に横たわりますように、
坊やの妻が坊やとともに幸福になりますよ

うに、
坊やの息子が坊やとともに幸福になりますように、
坊やの若い妻が坊やの抱擁に幸福でありますように、
そして坊やの息子が坊やの膝の上で元気に育ちますように。

シュルギ王はシュメルのみならず古代メソポタミアの王たちの中で珍しいことに学校へ通い、文字の読み書きができ、成績が良かったことを自慢しているが、我が子のために子守歌をつくることができるような心やさしい教養のある女性が好きであったようだ。

女性の識字率

古代世界で文字の読み書きができた女性はまれであった。

前三〇〇〇年紀におけるシュメルの識字率は高くなかった。きわめて限られた人々、つまり書記しか読み書きはできず、王といえども読み書きはできなかったようだ。

シュメルでは円筒印章が使用され、男性だけでなく、女性もプアビやバルナムタルラだけでなく円筒印章を持っていた。プアビやニンバンダのような后妃たちのラピスラズリ製円筒印章にはシュメル語で名前が刻まれていて、当然后妃たちは自分の名前ぐらいはわかったのではないだろうか。だが、名前以外の文字が読めたかとなると疑問である。

しかし、王家の女性たちは文字の読み書きを学びうる環境に恵まれていたので、文才のある女性は才能を開花できたようだ。才媛の筆頭はアッカド王朝初代サルゴン王の娘エンヘドゥアンナ王女である。サルゴン王自慢の娘であったにちがいない。アッカド人だが、シュメル語の名前を持ち、シュメル語の『シュメル神殿讃歌集』を編纂し、『イナンナ女神讃歌』を作った。

ウル第三王朝初代ウルナンム王の后妃は王の死に際して哀歌を、そしてすでに話したように第二代シュルギ王の后妃は子守歌を作った。

シュメルで女性はいくつかの重要な法的権利を持っていて、財産を所有できたし、証人として出廷できた。

ニンバンダ后妃の円筒印章印影図「ニンバンダ、后妃。メスアンネパダ（ウル第１王朝の王）の妻」ウル王墓出土

なつめやしの房を持つイナンナ女神

王家の才媛たち

シュメル語で「書記」ドゥブサルは「粘土(板)に(文字を)植える(つまり書く人)」を意味する。

シュメルでは書記術の守護神はニサバ女神であったし、古バビロニア時代にはゲシュティンアンナ女神も「冥界の書記」の称号を持つ。すべての女性がまったく文字と無縁であったならば、書記術の守護神を女神にしなかったであろう。古バビロニア時代のバビロニアには学校があったことがいくつかの都市で確認されていて、シッパル市には女性の書記たちがいたことがわかっている。

また、前一八世紀頃のマリ市に女性の書記が九人いたと「マリ文書」に書かれているが、油支給の量から見ると小間使い、清掃婦と同量であることから、女性の書記は高い地位にあったとはいえない。

仇の妻に弔われた前后妃

王家の不幸

ラガシュ市のルガルアンダ王治世四年にはバルナムタルラに女の子が生まれ、王家は祝賀ムードであったが、翌治世五年には暗転する。

この年のある記録には「子ウルタルシルシルラが妻ニンエニシェを埋めた時に、ラガシュ市のエンシ（＝王）であるルガルアンダが（衣服、香油などのさまざまな物品を）彼（＝ウルタルシルシルラ）に分けた」と書かれている。

ウルタルシルシルラはエンエンタルジ王の子つまりルガルアンダ王の兄弟で、ルガルアンダとバルナムタルラは王家の一員にふさわしい葬礼の供物を別々に支出し、兄弟の妻を供養した。バルナムタルラにとっては義理の兄弟とはいえ、妻に先立たれたウルタルシルシルラの悲しみを見るバルナムタルラも切なかったことだろう。しかし、その後に自分自身に関わる不幸が、彼女を待ち受けていた。

医術と呪術

バルナムタルラはどうやら短命であったようだ。治世四年に女の子を産んだが、それから数年後には死んでいる。病弱だったのだろうか。

「病魔」というように、シュメルのみならず、前近代社会では病気の原因はしばしば「魔」にあると考えられていた。メソポタミアでは病気治療に医師と呪術師があたり、病気の原因は占卜師がつきとめた。病魔退散の儀礼は呪文や歌に合わせてがらがら（シストラム）、拍子木、太鼓などの楽器を用いた。

前一〇〇〇年紀になると、妊婦や病人のために青銅や銅でできた「魔除（まよ）けのお札」が使われた。このお札にはパズズと呼ばれた怖い顔の魔物の姿が彫られていた。パズズは我が国の鬼と同様に善悪両義性をもっていた。ところが、二〇世紀になって誤解され、パズズはオカルト映画流行の先駆けになったハリウッド映画『エクソシスト』で女の子にとりつき、禍々（まがまが）しい怪奇現象を起こす恐ろしい悪魔にされてしまった。映画の最後の方でチラッと出てくる

治療の場面想像図　前７世紀頃　寝台に横たわる病人を医師と魚の皮をかぶった呪術師と少し離れた所で肝臓の模型を見る占卜師が連携して、治療にあたっている

肝臓の模型　粘土製　古バビロニア時代　高さ14.5センチメートル

魔除けのお札の上から首を出しているパズズ　新バビロニア時代　高さ13センチメートル　上から３段目で病人を治療　最下段は退散する病魔　この治療場面や上の肝臓模型などから上のような想像図が描かれた

悪魔は、パズズの顔である。

粘土板に書かれた処方箋

治療には薬が使われた。植物ではからし、いちじく、柳など、動物では亀の甲羅や蛇など、無機物では塩や原油など、多様な原料が使われていた。また、内服薬ではビールを媒材として使っている。

なお、ソーダ灰と脂肪を含んでいる自然物を加えて、外用薬として石鹸を作ったようだ。石鹸は「聖婚儀礼」で身体を清める際にも使われていた。

一九世紀末の第一次ニップル調査隊がシュメル語で書かれた処方箋の記録を発掘している。処方箋は一五あるが、呪術的要素はまったく見られない。三つ紹介する。一つ目は膏薬、二つ目は内服薬そして三つ目は塗り薬の処方箋である。

処方箋　前2000年頃　ペンシルヴェニア大学博物館蔵

河の泥を砕き、（そして）［……］を水でこね、原油とともにすりこみ、そして膏薬として縛りつけなさい。

強いビールを［……］植物の樹脂に注ぎ、火で熱して、この液体を河の瀝青（れきせい）の油の中に入れなさい、そして（病）人に飲ませなさい。

亀の甲羅、芽を出している（?）ナガ植物、塩とからしをふるいにかけ、こねなさい。患部を上質のビールと湯で洗いなさい。患部にこねた薬をすりこみなさい。すりこんだ後で、植物油でこすり、そして砕いた樅（もみ）で覆いなさい（?）。

これらの処方箋には病名や薬剤調合の分量が書かれていない。おそらく医者が患者を診て、患者それぞれにあわせて調合したのであろう。

ちなみに三五〇弱のシュメル語とそれに対応するアッカド語の病名を書いた古バビロニア時代以降の目録もある。

「ご先祖様」の像

薬が効いて元気になれば良いが、治療の甲斐なく死ぬこともあった。葬儀の様子は、古バビロニア時代にシュメル語で書かれた文学作品『死んだ使者と乙女』からうかがい知ることができる。この作品の中では、死んだ使者のために乙女が葬儀をおこなった様子が書かれている。同時代に書かれた哀歌『リルル神の受難』にも葬儀の次第が含まれている。両作品には共通した要素があり、葬儀では像が使われていたことがわかる。

その実物と考えられる像がニップル市の発掘で出土している。素焼きの粘土の像で「ご先祖様」を表し、個人の家で代々祀られ、「祖先供養」の儀式で使われていたようである。多くの日本人と同じように、「ご先祖様」が家族を守ってくださるとの考えがあったようだ。

『死んだ使者と乙女』では見ることも、話すこともできなくなった死者に次のような謎めいた儀式がおこなわれた。

私はパンを置き、(パンで)それをこすった。
その紐が解かれていない鉢から、そのふちが汚されていない皿から、
私は水を注ぎ、私は地面に注ぎ、彼(=死んだ使者)は水を飲んだ。

棍棒を持った神像

ターバン(?)を巻いた神像　2体ともニップル市出土　素焼き粘土　前3000年紀初め

２つの素焼きの粘土製の甕を煉瓦であわせた棺　ギルス地区出土　前3000年紀末

死骸にかぶせる釣鐘型の棺　素焼き粘土　ラルサ市出土　前2000年紀初め

私は像に良い油を塗った。
私は椅子に新しい衣服を着せた。
魂がはいり、魂が離れた。
冥界にある私の使者、冥界の真ん中で彼は回って、彼は横になっている。

『リルル神の受難』でも椅子をすえ、像をその上に置いて儀式がおこなわれ、さらに水などをアパに注いだ。アパとは、死者のために供物を供えた場所キアナグ（シュメル語で「（死者が）水を飲む場所」の意味で、灌奠所（かんてんじょ））にあった土管で、この土管に供物を投げ込めば、冥界の死者に届くとシュメル人は信じていた。

シュメル人の「死生観」には地獄がない一方で、天国や極楽もない。となれば、一度だけの生をよく生きると定めざるをえない。「あの世」よりも「この世」を大切に生きた。それでも死者のいく世界は想像されていた。

死者は生前のおこないの善し悪しにかかわらず、死ねば一律にクルヌギに赴き、飲食物に不自由するので、生きている者は死者のために供養する務めがあると考えられていた。

ウル王墓やウル第三王朝の王陵は王の地位にふさわしい地下の住居だが、庶民の墓は質素で、ここでも泥を利用して棺を作った。

恨みを残す死

バルナムタルラの夫、ルガルアンダ王の治世は約六年で、王権はウルイニムギナに簒奪された。ウルイニムギナ王はまずはエンシを称し一年、翌年にはルガルを称して以後ルガルを称し続ける。その一年後、バルナムタルラは死んだ。

したがって、バルナムタルラはウルイニムギナ王が支配して三年目には死んでいることになり、自分の夫を王の座から引き摺り下ろした仇の妻に弔われたことになる。シャグシャグが前王の妻の葬儀を仕切っていることから、ルガルアンダからウルイニムギナへの政権交代は流血をともなうものではなかったといわれているが、はたしてそうだったのだろうか。

夫のルガルアンダは、また幼い娘はどうしたのだろう。

ウルイニムギナがルガルを称して一年目に、「祖先供養」をおこなう「ルガルウルブ神の祭」の際に支出した犠牲の記録が残っている。この中で、ルガルアンダの父エンエンタルジの祖先ドゥドゥやエンエンタルジと並んで、ルガルアンダとその兄弟ウルタルシルシルラに犠牲が捧げられている。つまりルガルアンダとその兄弟はすでに死者となっていた。バルナムタルラが産んだ娘もこの世の人ではなかったかもしれない。

王位を奪っておいて、前王を生かしておくような生温いことをウルイニムギナはしないだろう。生かしておけば、いずれ簒奪者自身の王位が危なくなる。ルガルアンダとその兄弟ウルタルシルシルラは殺害されたにちがいない。となれば、バルナムタルラの死も病死ではなく、恨みを残しての死ではなかっただろうか。

Ⅳ　商人が往来する世界
――シュメル人の交易活動

「建築家グデア王の像」（182頁参照）の膝上に置かれたエニンヌ神殿の図面　図面左端に「葦のペン」、下に「ものさし」があしらわれている

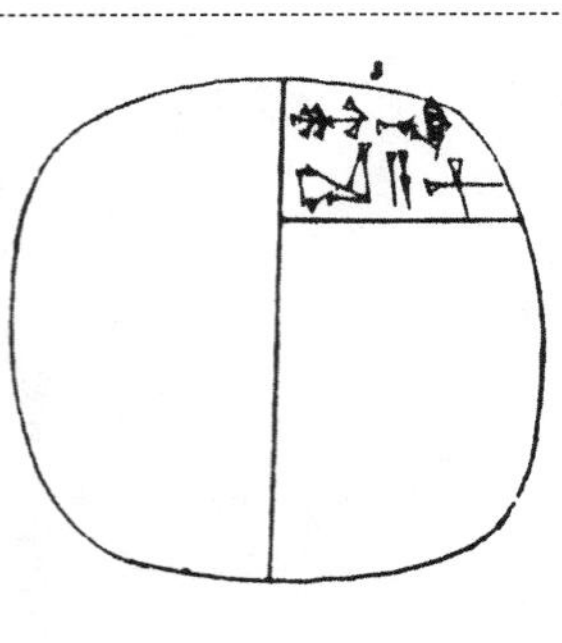

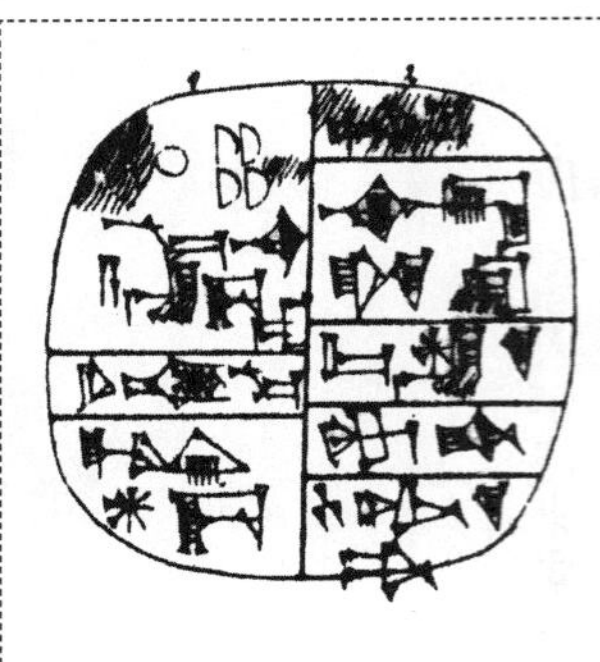

銅の購入の記録

［……十一四］マナの銅の鋳塊（インゴット）、購入された物（である）。ラガシュ市の「エンシ」（＝王）、ルガルアンダのために、商人ウルエンキがディルムンの国から持って来たものである。

（ルガルアンダ王）治世一年

古代人の商売繁盛

シュメル人がほしかったもの

前頁の行政経済文書は銅を購入したことを記録した会計簿である。前二三五〇年頃に、ラガシュ市を支配していたルガルアンダ王がディルムンから商人ウルエンキを通じて銅の鋳塊(インゴット)を購入した。ディルムンは現代のバーレーン島からファイラカ島周辺の地域にあたる。数字の一部が欠けているが、一マナは約五〇〇グラムで、一四マナつまり七キログラム以上の銅の鋳塊を買ったことになる。ルガルアンダ王が治めていた時代は青銅器時代であった。近代ヨーロッパの国々が「鉄は国家なり」といい、良い鉄を大量に入手することによって富国強兵をなしとげたように、シュメル人が活躍した前四〇〇〇年紀後半から前三〇〇〇年紀は「銅は国家なり」という時代であった。良い銅を入手することは大事な国策であった。

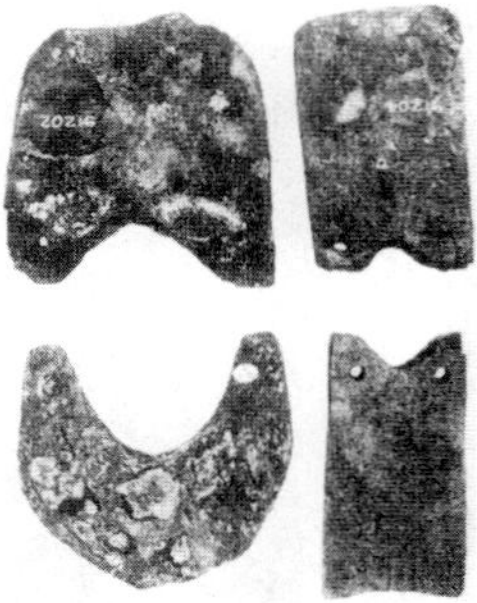

銅製農具　大切にされていたようで、三日月形の刃はむしろでくるんであった跡が残っている　前2000年紀初め　ラルサ市付近のテル・シフル遺跡

しかし、シュメル人がほしかったものは

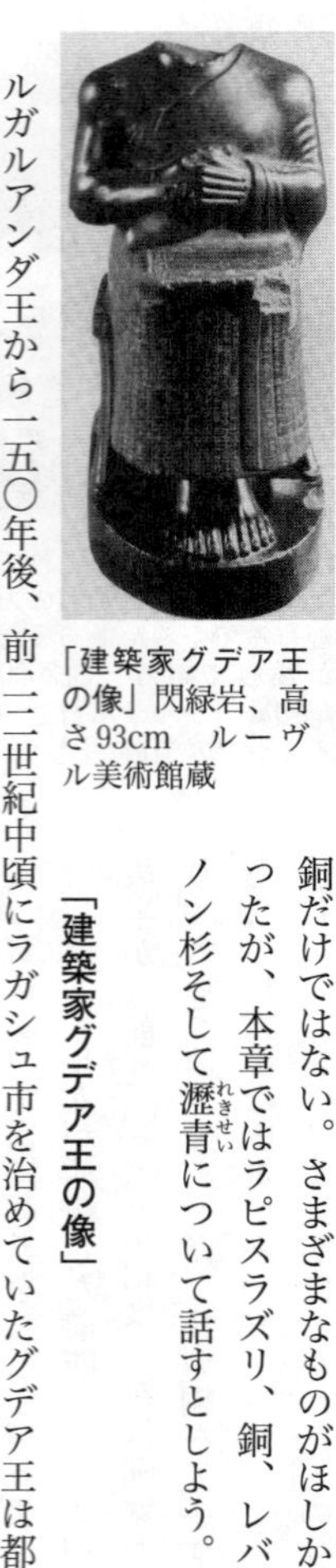
「建築家グデア王の像」閃緑岩、高さ93cm　ルーヴル美術館蔵

銅だけではない。さまざまなものがほしかったが、本章ではラピスラズリ、銅、レバノン杉そして瀝青(れきせい)について話すとしよう。

「建築家グデア王の像」

ルガルアンダ王から一五〇年後、前二二世紀中頃にラガシュ市を治めていたグデア王は都市神ニンギルス神のエニンヌ神殿を建立する際に、木材、石材、瀝青などの各種建築資材をシュメル地方の外から調達した。

メソポタミア南部はユーフラテス河とティグリス河が押し流してきた泥が堆積してできた沖積平野である。肥沃な土壌は大麦などの穀物を作るに適し、またシュメル人は豊かな泥を最大限活用し、煉瓦を作って家を建て、粘土板に記録を残した。

だが、泥だけでは文明社会を維持、発展させることはできない。そのために必要な武器や道具などを作る石や鉱物はシュメル地方にはなかった。樹木にしても宮殿や神殿のような大きな建造物の梁や扉にできる長く太い木材は多くはない。そこで、こうしたものは外国から持って来ざるをえないのである。

グデアは資材調達を自分の像などに端正なシュメル語楔形文字で記録した。中でも膝の上にエニンヌ神殿の図面をのせていることから「建築家グデア王の像」（グデア王の像B）と呼ばれている座像には下半身の衣服などに詳細に書かれているので、資材をどこから持って来たかを知る上での貴重な情報源になっている。

ウルドゥ河から「下の海」へ

シュメル人は遠方まで旅をして、貴重な品物を持って来たが、陸路だけでなく、ティグリス河、ユーフラテス河や「下の海」（＝ペルシア湾）を交易路として大いに利用していた。

ティグリス・ユーフラテスと並べられることが多いが、交易に適していたのは、ユーフラテス河の方だった。アッシリアの古都ニネヴェ市やアッシュル市（現代名カラト・シャカト）はティグリス河畔に発展し、イラク共和国の首都バグダードもティグリス河畔にある。ティグリス河は水源から河口

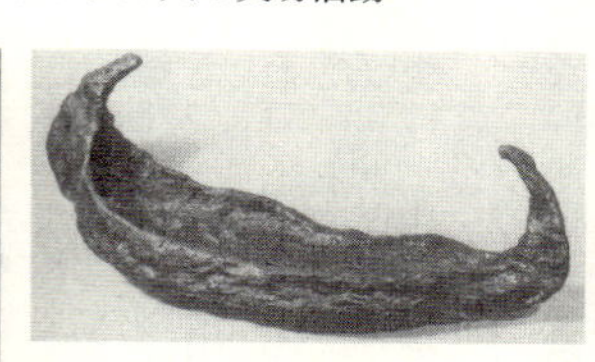

瀝青で作った模型の船

トルコ領内をゆったり流れるティグリス河

湖のように静かな水面のユーフラテス河（トルコ領内）

まで一九〇〇キロメートルと、ユーフラテス河に比較して短く、支流が山地から直接本流に流れ込むことから、暴れ河となりやすかった。

アッシリアよりも前に発展したシュメルの諸都市はユーフラテス河畔で繁栄し、前二〇〇〇年紀の初めからヘレニズム時代まで栄えたバビロン市もユーフラテス河畔の都市であった。水源から河口付近の都市バスラまで約二八〇〇キロメートルもある、この西アジア最長の河川は、特に船舶交通が発達し、ユーフラテス河の別名ウルドゥ河（シュメル語で「銅の河」の意味）はこの河が交易の大動脈であったことを物語っている。また、ユーフラテス河が流れ込むペルシア湾のもつ重要性は、シュメル人の時代から五〇〇〇年以上経つ現在でも変わらない。

シュメル人はペルシア湾内だけでなく、もっと東方へも向かった。だが、西方にまったく興味がなかったわけではない。エジプトとも交流があった。シュメル地方からペルシア湾を下って外海へ出たら、アラビア半島を右に見て西方へ向かう。やがて紅海にいたり、北上すれば、そこはもうエジプトであった。陸路なら東部砂漠（＝アラビア砂漠）を横断するとナイル河に到着する。古代史の特色は「山は隔て、海は結ぶ」で、陸路よりも、水路の方が安全に、速く旅ができ、しかも大量に物資を運搬することができるのである。

なお、物資を陸路で運ぶ際には、ろばに牽かせた車や牛に牽かせた橇（そり）が使われたかもしれないが、「ウルのスタンダード」の「饗宴の場面」（カバー図、五七頁上図）下段に背負子（しょいこ）を

Ⓐジェベル・エル・アラクのナイフ
ライオンを御する王
Ⓑウルク文化期の王
Ⓒ花の咲く枝を持つウルク市の王と羊

使って重い荷を運んでいく様子が見られることからもまずなによりも人力に頼っていたにちがいない。

エジプト人と戦ったシュメル人

古代のシュメル人とエジプト人との交流を示す手掛かりが残っている。たとえば、エジプトでは、先王朝時代（前五五〇〇—前三一〇〇年頃）後期の遺跡からはシュメルの円筒印章が出土しているし、同じ時期に作られた「ジェベル・エル・アラクのナイフ」は一九世紀末にフランスの考古学者G・ベネディトが中部エジプトのジェベル・エル・アラクで購入し、ルーヴル美術館に収蔵された。フリント（火打石）製ナイフの柄（つか）は河馬の牙製で両面に装飾が施されているが、その中にメソポタミアとエジプトとの交流を物語る面白い図柄がある。一方の面に

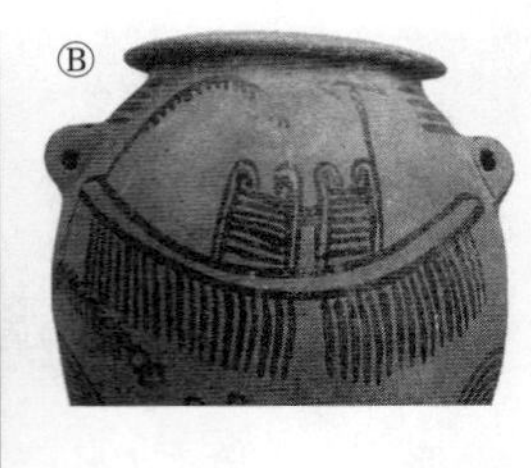

Ⓐジェベル・エル・アラクのナイフ　船戦
Ⓑエジプトの船
Ⓒシュメルの船

は、メソポタミアにおけるウルク文化期（前三五〇〇―前三一〇〇年頃）後期の円筒印章印影図などに見られる王の姿とそっくりの人物が前後にライオンを御している。

　もう一方の面は船戦の場面で、二種類の船が見える。

　柄の真ん中よりも少し下に見える船は船首、船尾ともに垂直に持ち上がった形で、この形の船はウルク文化期の円筒印章印影図に見え、シュメルの船である。また、下の方の船はエジプト先王朝時代の土器に描かれている船と同じ形で、エジプトの船である。これはシュメル人とエジプト人が戦った記録で、エジプト人はシュメル人に勝ったことを伝えたかったにちがいない。負け戦は記録に残さないだろう。

　こうした凝った図柄を柄に刻んだナイフは王侯が実用に供した可能性もあるが、むしろ神殿に奉献したものであろう。当時エジプトよりも文化が進んでいたシュメルの文化をとりいれ、さらに船戦に勝ったことは誇らしいことで、神にご報告かたがた感謝したのではないだろうか。

だが、シュメルとエジプトという二つの文明の交流はこれ以上は発展しなかった。シュメル人にとってペルシア湾から外洋へ出て遠路エジプトへ出向くのは冒険で、もっと近距離でいきやすいディルムンなどでほしいものを手にしたほうがはるかに楽だった。

最古の商社マン

古代オリエント世界では商業活動は不可欠で、さまざまな民族の商人たちが先史時代から往来していた。

我が国の「商社マン」は世界を股にかけて日本の製品を世界中に売り歩き、世界中のさまざまなものを買いつけて来た。だが、どちらかといえば日本人は商売が得意な民族とはいいがたい。たとえば、西アジアのバザールとかスークと呼ばれる市場にお土産を買いにいっても、日本人は、ガイドの忠告通りに値切ることは苦手だ。しかし、中には度胸のある日本人が日本語だけで堂々と値引きを成功させることがある。おそらく最古の商売もこうしたものであっただろう。はるばる遠くまで出向いても、現地の人間とは同じ言語を話せたとは限らないし話せないことの方が多く、身振り手振りを交えて商売を成立させていたにちがいない。また、時には意思疎通ができず、争いとなり、略奪してくることもあっただろう。

前一〇〇〇年紀に地中海を舞台に活躍したフェニキア商人は名高い。フェニキアとは現代のレバノン・イスラエル・シリアの地中海に面した一帯の地方名である。

そのフェニキア人の活躍した時代から遡ること一〇〇〇年、前二〇〇〇年頃には、ティグリス河流域のアッシュル市からアナトリア（現トルコ中央部）へ交易に出かけた商人たちがいる。彼らはエラム経由で入手した錫（すず）とバビロニアの織物をろばの背に載せて、アッシュル

アッシュル商人も通ったタウルス山脈のキリキアの門

カニシュのカールム遺跡

カールム想像図　荷を積んだろばを連ねてアッシュル市から商人たちが到着した

市を出発し、ユーフラテス河を渡り、タウルス山脈を越え、はるばるアナトリアへはいった。アナトリアからは金や銀を持ち帰った。

アナトリアには「カールム」を造営していた。「カールム」とはアッカド語で「波止場」を意味し、転じて「商人居住区」を指した。その一つが今も残るカニシュ（現代名キュル・テペ）のカールムである。カニシュとアッシュルは直線距離で約一二〇〇キロメートル隔っている。アッシュル商人たちの仕事の様子や暮らしぶりをたどることができるのも、ここから約二万枚の「キュル・テペ文書」が出土したからである。

だが、このアッシュルの商人たちが最古の商人ではない。彼らに先立つ商人たちがいた。

ダムガルはお役人

アッシュル商人の記録から三五〇〇年前、前二三五〇年頃に属すラガシュ市出土の「后宮」の会計簿文書に「ダムガル」の肩書きを持つ人々が登場する。

「ダムガル」とはシュメル語で「商人」の意味で、アッカド語「タムカールム」から借用された。シュメル語の多くの単語がアッカド語に借用されたが、逆にアッカド語からシュメル語にはいった単語もあり、ダムガルはそうした例の一つである。アラビア語で「商人」を意味する「タージル」もアッカド語に遡れる。

シュメルの商人「ダムガル」はアッシリア商人のように私的に活動する商人ではなく、王に仕える役人であった。ウル第三王朝時代（前二一一二―前二〇〇四年頃）になっても、商人は王から耕地を授かったり衣服を与えられたりと、報酬が支払われていた。つまり、シュメル人が活躍した時代には他国との貿易は王が独占し、王の下で働く商人とは日本ならば「経産省のお役人」にあたるだろう。私的な商人が活動をするのは、シュメル人が歴史の表舞台に登場しなくなった前二〇〇〇年紀にはいってからである。

生きているシュメル語

前二〇〇四年にウル第三王朝が滅亡し、シュメル人は歴史の表舞台から退場する。「その後シュメル人はどうしたのでしょうか」と尋ねられることがある。

シュメル人は全滅したわけではない。ペルシア湾に近いシュメルの地で生きていた。だが次第に圧倒的なセム人勢力の中に埋没していった。

シュメル人はアッカド語を使う生活の中に組み込まれていき、やがてシュメル語は中世ヨーロッパにおけるラテン語のような位置づけになっていく。古バビロニア時代の学校ではシュメル語やシュメル文学が教えられていた。今に残る文学作品などはこの時期に学校で書かれた。

だが、それでもシュメル人の社会が生み出した楔形文字、円筒印章は使われ続け、多民族共存社会のルールが楔形文字で明文化された法律というシステムも長く存続した。

法律や宗教の用語としてのシュメル語は新バビロニア時代まで残っていた。シュメル人が建てた聖塔ジグラト（シュメル語ではウニル）は後代にも造られ続けた。新バビロニア時代のバビロン市で偉容を誇ったジグラトは前五世紀にはヘロドトスも見ていて、「ゼウス・ベロス」の青銅の門構えの神殿（『歴史』巻一、一八一）と伝えているが、このジグラトは「エテメンアンキ」つまりシュメル語で「天地の基礎の家」と呼ばれていた。『旧約聖書』「創世記」第一一章が伝える「バベルの塔」のモデルはこのエテメンアンキである。

なお、シュメル語の単語の中にはアッカド語を経由して現代のヨーロッパ諸語にまで伝わっている単語もある。たとえばシュメル語の「鍬」mar はアッカド語 *marru*、ギリシア語からラテン語 marra を経てフランス語 marre として生きている。また、シュメル語の薬用香料 gamun はアッカド語の *kamūnu* となり、英語の cumin そして日本でもクミンとして使われている。五〇〇〇年の時代を生きた、長い寿命を保った単語ということになる。

お金は銀

シュメル人が活躍していた時代に硬貨(コイン)はまだなかった。硬貨はずっと後の時代、前七世紀にリュディア（現トルコ西部の古代王国）で発明された。シュメルで硬貨の代用をしたのは銀で、重さを量って支払う。これを秤量貨幣(ひょうりょうかへい)という。銀は「銀の山」と呼ばれたタウルス山脈などから運ばれて来た。

商人が銀で下級労働者や奴隷を外国から買って来た例がある。

一マナ（約五〇〇グラム）の洗い銀をイギヌドゥ（下級労働者）を買うために「后宮」の商人であるウルエムシュが持っていった。

その中から、一人のイギヌドゥは（その値段は）一四ギン（一ギンは約八・三グラムだから、約一一六・二グラム）の銀であり、連れて来た。園丁ウルキが（このイギヌドゥを）連れていった。

一人の男奴隷は（その値段は）二〇ギンの銀であり、連れて来た。羊毛用羊の牧夫ルガルダが（この奴隷を）連れていった。

一人のイギヌドゥは（その値段は）一五ギンの銀であり、連れて来た。園丁のアンアムが連れていった。

（ルガルアンダ王）治世六年

イギヌドゥは文字通りには「目が開いていない（人）」で、本当に目が見えなかったかは不明だが、遠方から購入されて来た下級労働者あるいは奴隷を意味した。

シュルギ王の鴨型の分銅　5マナ　閃緑岩

ネブカドネザル2世の分銅　1マナ

升と分銅

ウル第三王朝の「ウルナンム『法典』」「序文」には度量衡の統一が書かれている。

交易には、商売をする相手同士で共通の基準が必要になる。また、統一国家ができても、都市によって度量衡がちがっていたら公正な商売は成立しない。東アジア世界でも秦の始皇帝（前二四七—前二一〇年）は戦国の六国を滅ぼし、統一をなしとげると、中央集権策の一環として度量衡の統一をしたことはよく知られている。

公正を心がける王としては度量衡の統一をせざるをえず、ウル第三王朝のウルナンム王はそのことを『法典』のなかで次のように明文化した。

カファジェ（古代名トゥトゥブ市）の楕円神殿の工房想像図　左端では祈願者像を彫刻。その手前を槍の束を抱えた男がいく。その横では座った男が槍の穂先を鋳型から出している。右の方では、天秤で銅と銀の鋳塊（右）を石のおもり（左）で量っている

私（＝ウルナンム）は銅製バリガ升を作り、それを六〇シラの標準とした。

私は銅製バン升を作り、それを一〇シラの標準とした。

私は「正しい王」の銅製バン升を作り、それを五シラの標準とした。

私は純然たる（？）一ギンから一マナまでの（すべての）石の分銅を標準とした。

私は青銅製一シラの升を作り、それを一マナの標準とした。

（一シラ＝約一リットル　一マナ＝約五〇〇グラム
　一ギン＝六〇分の一マナ＝約八・三グラム）

ウルナンムは容量の基準となる升、重量の基準となる分銅を定めたが、実際は第二代シュルギ王（前二〇九四―前二〇四七年頃）の升や分銅が使われた。シュルギ王の名前が刻まれた、首をひねった可愛い鴨の姿

を象った閃緑岩製分銅も出土している（一九三頁右写真）。

ウル第三王朝時代における質量標準の管理は優れていた。そこで、はるか後代の新バビロニア王国第二代ネブカドネザル二世の時代になっても「シュルギ王の分銅を基準にして（分銅を）作った」とその優秀さが伝えられている。

初期王朝時代にもウル第三王朝時代にも「大麦一グルが銀一ギン」の換算が公的基準だったが、この換算率は残されている会計簿を見ると変動していたことがわかる。

ウル第三王朝時代の物価、ちなみに銀一ギンで買えるものは次のようになる。

大麦一グル gur（約三〇〇リットル）
羊毛一〇マナ（約五キログラム）
銅一と六分の五マナ（約九一六・七グラム）
ごま油一二シラ（約一二リットル）
ラード一七シラ（約一七リットル）
なつめやし一グル gur（約三〇〇リットル）
（一グル＝三〇〇シラ＝約三〇〇リットル）

瑠璃(るり)に魅せられて

「貴金属とラピスラズリ」

古代オリエント世界で最初に石器や装身具にも加工された材料は、アナトリア山地の黒曜石だった。マグマが急に冷えてできた黒色か半透明の天然ガラスである黒曜石は、きれいに剝がれる特質があるため、正確に打ち砕くことができるので、前八〇〇〇年頃の新石器時代にメソポタミアにもたらされて珍重された。

しかし、その後、この地域の人々の心を捉えたのはラピスラズリであった。ラピスラズリとはラテン語のラピス「石」とペルシア語のラズリ「青」を組み合わせた語で、我が国では「青金石」「瑠璃」と呼ばれている。濃紺の地に黄鉄鉱の斑があたかも夜空に瞬く星のように微妙にはいり、その色合いの美しさがシュメル人を魅了した。

前二六〇〇年頃の「ウル王墓」から出土した豪華な副葬品にも貴金属とラピスラズリが効果的に使われているし、后妃たちは円筒印章の印材にラピスラズリを選んでいた。

ラガシュ市に侵攻したウンマ軍は神殿から「貴金属とラピスラズリを持ち去った」とウルイニムギナ王の王碑文は繰り返している。神殿に蓄えられていた富の象徴は「貴金属とラピスラズリ」で、シュメル人にとってラピスラズリは貴重なものであった。

「ラピスラズリの道」

ラピスラズリはアフガニスタンのバダクシャン地方で採れ、ここが古代オリエント世界における唯一の産地であった。

前四〇〇〇年紀には「ラピスラズリの道」とでも呼べる交易路ができていた。標高二〇〇〇メートル以上のバダクシャン地方を出発し、イラン高原を延々と横断してメソポタミアにいたるが、道はここでは終わらない。メソポタミアを通過し、シリア砂漠を横断してはるかかなたのエジプトにまで達していた。なんと全長五〇〇〇キロメートルにもなる長い交易路である。

メソポタミアではウバイド文化期末期以降の遺跡からラピスラズリが出土する。メソポタミアに向けて、ラピスラズリを加工、輸出するための交易都市がイラン高原には発達していた。こうした都市の一つがアラッタ市である。

『エンメルカル王とアラッタ市の領主』

シュメル都市の中でも古い歴史をもつウルクの人たちは活発な交易活動をおこなっていた。東方のみならず、北方へも手を広げていた。ウルク文化期後期にユーフラテス河中流域の遺跡ハブバ・カビーラ（ユーフラテス河にダムを建設したために水没）に植民都市を造り、「レバノン杉」や銀をウルクに送る拠点とした。

『エンメルカル王とアラッタ市の領主』と題するニップル市から出土した、古バビロニア時代に書かれた文学作品の主人公は、ウルク市の王エンメルカルで、ウルクから七つの山を越えた所にあるアラッタ市の領主（その名前は明かされていない）から服従と忠誠を得ようと試みて、ついに成功する話である。

物語の中で、アラッタからウルクへはラピスラズリのほかに黄金、銀、紅玉髄（カーネリアン）がもたらされ、その見返りに穀物がアラッタへ運ばれていった。また、別の物語では、アラッタにはラピスラズリを加工するすぐれた技術を持つ職人たちがいて、これらの職人たちがアラッタからウルクへ連行されていったと記されている。

文字と争いの起源

シュメル人は『エンメルカル王とアラッタ市の領主』の中で、「文字」と「争い」の起源についての考えを披露している。「文字」も「争い」も交易活動とは不可分である。ものの出入りを記録する必要が「文字」を生み、ものへの執着が「争い」になる。「文字」は使者が長い口上を覚えられないために、エンメルカルが使者の口上を復元する手段として「発明」したと伝えられている。だが、実際には「文字」の誕生はシュメル人の説明とはちがい、ものの管理、記録の必要からであった。「文字」が発明されて手紙が書かれても、使者は手紙の内容を必ず暗記して宛先に赴き、手紙を渡すとともに暗記して来た手紙の内容を口頭で伝えていた。手紙の受取人は必ずしも「文字」が読めるとは限らないからである。

また、アラッタの領主の前で唱える「エンキ神の呪い」の中で、エンリル神が支配していた「黄金時代」には人々は一つの言葉で話し、世の中は平穏であったが、エンキ神が言葉を変え、この世に「争い」が生じたという。つまり、シュメル人なりに「争いの起源」を説明しているのである。『旧約聖書』「創世記」第一一章では、一つの言葉で話す人々が天に届かんとする塔を建てようとした。怒った神が言葉をバラバラにしたので、意思疎通を欠き、塔の建立を断念せざるをえなくなったと書かれている。有名な「バベルの塔」の話を思わせる話である。

アラッタ市はどこか

さて、アラッタ市について伝えているのは『エンメルカル王とアラッタ市の領主』だけでなく、ほかにも『ルガルバンダ王とエンメルカル王』などにもアラッタは登場するが、アラッタの所在地は特定されていない。

『シュメル王朝表』ではエンメルカルはウルク第一王朝第二代王、ルガルバンダ神（神を示す限定詞がついている）は第三代王だが、実在の確証はない。だが、彼らを主人公とした物語には、ラピスラズリの産地バダクシャン地方を発した「ラピスラズリの道」のうち、イラン経由の南方の路を通り、ウルク市にいたる交易の記憶が込められていたようだ。

ところで、アフガニスタン産ラピスラズリはメソポタミアなどの西方世界ばかりでなく、東方へももたらされていた。正倉院の宝物にもラピスラズリで飾った革帯（「紺玉帯」）が伝わっているが、奈良県明日香村の高松塚古墳（七世紀末―八世紀初頭）の壁画に顔料としてラピスラズリが使われていると考えられている。貴重なラピスラズリを顔料にして、壁画を描かせたとしたならば、被葬者はかなりの権力者であったにちがいない。

メルッハからの「砂金」

黄金はアルメニア山地やイラン高原が産地で、メソポタミアではウバイド文化期から見られるようになる。

「建築家グデア王の像」では、黄金を「塵のごとくに」ハフムの山やメルッハの国から運び出したと書かれ、グデアは「砂金」を入手していたようである。ハフムの山はユーフラテス河中流域あたり、メルッハはインダス河流域を指しているようだ。

砂金がインド方面で採れることは古代オリエント世界では後代まで知られていたようである。グデア王の時代から約一七〇〇年後のアケメネス朝ペルシアの都ペルセポリスのアパダナ（謁見の間）には有名な「朝貢行列図」（浮彫）がある。アケメネス朝支配下の諸民族がお国振りの衣装をまとい、特産品を携えての朝貢行列は圧巻で、見る者をして、いかに広い地域をアケメネス王家が支配していたかを知らしめるとともに、前五―前四世紀のオリエント世界の諸民族を目のあたりに見ることができる。

砂金を運んで来たインド人

その中にインド人もいて、貢物の一つに袋にはいった砂金と思しきものがある。

ヘロドトスはアケメネス朝ペルシアの租税について伝えているが、インド人は「砂金三百六十タラントンを納入する」（『歴史』巻三、九四）と語り、さらにその後に砂金採取の方法を伝えている（同、九八、一〇二～一〇五）。

銅は海からやってくる

壮大なる実験

ノルウェーの人類学者で南米のバルサ材で作った「コンチキ号」によるペルーとポリネシアとの間の航海で有名な探検家、T・ヘイエルダールは、一九七七年にペルシア湾付近の湿原に生える葦を使って葦船を造り、「ティグリス号」と名づけて実験航海に出た。ユーフラテス河、ティグリス河の合流点からペルシア湾に出て、バーレーン、オマーンを経て、パキスタンのカラチ市に到着した。

遺物が双方から出ていることから、古代メソポタミア文明とインダス文明の交流はあったとそれ以前から考えられていたが、葦船がペルシア湾から外洋に出て、はたしてインドまでたどり着けるかが疑問視されていた。このヘイエルダールの実験は、葦船での外洋航海が可能なことを示した。

ヘイエルダールに先立つこと四五〇〇年ほど前に、ヘイエルダールとは逆にペルシア湾を北上していった船があった。前二五〇〇年頃にディルムン船がやって来たことをラガシュ市のウルナンシェ王は「奉納額」（I章扉図参照）に伝えている。これがディルムンについての現存最古の史料になる。

ディルムンは早くからウバイド文化の影響を受けていて、メソポタミアと関係があった。

アッカド王朝初代サルゴン王はシュメルの都市国家群を支配すると「メルッハの船、マガン（現代のオマーン）の船、ティルムン（シュメル語ではディルムン）の船がアッカド市の港にやってきた」とペルシア湾を舞台にした交易の再開と交易権を掌握したことをアッカド語王碑文に誇らしげに書いている。ところでアッカド市の遺跡はまだ発見されていないが、バビロニア北部でキシュ市の付近と想定される。

「楽園伝説」

ディルムンは、シュメル語文学作品では「楽園」として登場する。

古バビロニア時代に書かれたシュメル語版『大洪水伝説』で、大洪水を生き延びた主人公ジウスドゥラは動物と人類の種（＝子孫）とを救済した功績によって不死を定められ、海を渡った土地ディルムンに住まわせられた。

『エンキ神とニンフルサグ女神』神話では、エンキとニンフルサグがいます場所が「清らかなディルムンの国」で、ライオンが生き物を殺すこともなく、病気も死も存在しない。

こうしたディルムンが「楽園」であるとの伝説は商売でディルムンの地に赴いたシュメルの商人たちの見聞にもとづいて作られたようだ。

シュメル商人到来の証拠に、バーレーン島やファイラカ島には凍石製の印章が散乱した場

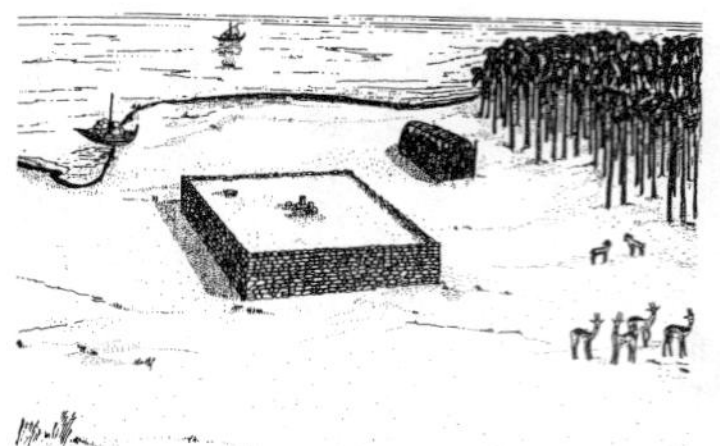

ファイラカ島の露天の神殿と港想像図
前2000年頃

葦で作ったバーレーンの
伝統的漁船

所があり、メソポタミア、インド双方からの影響を受けながら独自に作られた「ペルシア湾型スタンプ印章」が出土している。

ウルナンシェの「奉納額」では木材が運ばれて来たことが伝えられていたが、ディルムンからラガシュ市に運ばれて来た木材、たまねぎ、なつめやしなどのさまざまな物品の中で、目玉商品は銅であった。ディルムンは前三〇〇〇年紀にはマガンとメソポタミア間の銅交易の中継地であった。

一九五三年から翌年にかけて、デンマークの考古学者たちがペルシア湾の南岸地方で調査をし、海岸の砂浜で銅の粒が発見された。これは銅が船に積み込まれたことを示す証拠であるという。

「銀と銅」との討論

「銀（しろがね）と銅（あかがね）」と題した「討論詩」が残っている。

「討論詩」はシュメル文学の一分野で、動物、植物、季節

ペルシア湾型スタンプ印章

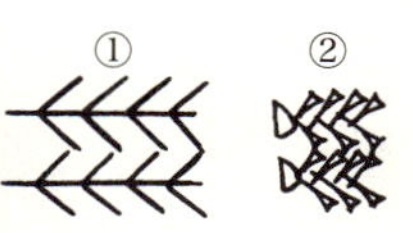

たまねぎsumの文字
①古拙文字
②前2400年頃の楔形文字
③前1000年紀の楔形文字

そして鉱物などの擬人化された一組が自分の方が優れていると主張しあう。たとえば、「魚と鳥」「タマリスク（御柳）となつめやし」そして「夏と冬」などの組み合わせがある。

はじめに討論者たちの創造された過程や属性などを紹介し、争いの原因が語られる。続いてそれぞれが自己の長所を並べ立てる一方で、他者を貶める主張が展開される。だが、最後には神による判定の後で、討論者たちはめでたく和解にいたる。

「銀と銅」との討論は、いくつかの断片で残っている。

シュメル人にとっては黄金と銀が対となる金属ではなく、銀と銅が対比された。一九六頁で述べた通り、貴金属はラピスラズリと対になり、シュメル人が憧れる富の象徴で特別な存在であった。秤量貨幣として使われる銀は、武器や農具にもなりうる銅とともに実用的な金属で、「討論詩」で充分に対になりうる金属であった。

銀は単に「銀」とだけ書かれているが、銅はほとんどの場合「強き銅」と「強き」の形容詞がつけられ、「父なるエンリル神の強き髪」とも褒められ、銅が「私（＝銅）の父エンリル神が一日にして私を創造した」とシュメルの最高神エンリルとのかかわりを誇っていることから、シュメル人は銅を最も有用な金属と考えていたことがわかる。

最古の金属・銅

人類が最初に有効利用した金属は銅であった。

鉄（くろがね）は隕石に含まれ、未知のものではなかった。たとえば、赤鉄鉱製の分銅をシュルッパク市からドイツ隊が発掘したが、これは前三〇〇〇年紀前半に属すと考えられている。

だが、人々が最も知りたかったことは鉄そのものよりも、武器に適した鋼（はがね）を作る技術であった。前一四〇〇年頃にアナトリアのヒッタイト人が炭火を使って鉄を鍛え、炭素を含んだ鋼を作り出す技法を考案した。鋼の鋳造技術を国家機密としていたヒッタイトが前一二〇〇年頃に滅亡した結果、その技術が古代オリエント世界に広まったのは前一〇〇〇年紀にはいってからであった。それ以前は銅やその合金の時代になる。

銅の鋳塊　牛革の形　キプロス島出土

両河の泥でできたメソポタミア南部に銅鉱山はありようもなく、銅は外国へ求めざるをえなかった。銅鉱山はアナトリアやイラン高原に分布している。

イラン高原ではすでに前四〇〇〇年頃には豊富な銅から斧などが鋳造されていた。メソポタミアではウバイド文化期末期の遺跡から鋳造の銅製斧が出土しているが、これはイラン方面から輸入されたものであろう。

前三五〇〇年頃になるとメソポタミアでも銅工芸が発達した。鉱石はイラン高原中央部のアナラク地方から輸入したものを使っていた。

マガン産の銅

初期王朝時代にはいると、シュメル人はマガン付近に独自の鉱山を開発し、マガン産の銅はディルムンを経由して船でシュメルに運ばれていた。はるばるイラン高原から銅を運んで来る必要はなくなったようである。

銅でなにを作ったかといえば、まずは武器や祭器で、実用的な道具も作られていた。「はじめに」で紹介した定礎埋蔵物の釘人形は銅で作られている。前二四三〇年頃に、エンアンナトゥム一世がラガシュ市のラガシュ地区にイブガル神殿を建立した時に、釘人形は神殿の基礎に複数埋納された。銅製の釘人形は「失蠟法(しつろうほう)」と呼ばれる鋳造法で作られたようだ。蜜蠟などで人形を作って、それから粘土で鋳型を作り、銅を流し込んだのであろう。現在は緑青を吹いて汚れてみえるが、できた頃には明るく輝いていたにちがいない。

また、グデア王の頃になると「キマシュの山、アブルラートから銅を掘り出して来た」と「建築家グデア王の像」に書かれている。キマシュは現代の小ザブ河（ティグリス河の支流）にいたるゲベル・ハムリンの北方と考えられている。

ウル第三王朝時代にも、ディルムン経由でマガン産銅を取引していた。見返りに穀物、羊毛、織物、ごま油、皮革そしてたまねぎをディルムンへ輸出していた。

前二〇〇〇年紀になって、地中海の「銅の島」キプロス産の銅が運ばれるまで、マガンはメソポタミアにおける主要な銅の輸出地だった。

最古の合金・青銅

銅の融点は一〇八四・五度と高い。錫（すず）は融点が二三一・九六八一度と低いので、混ぜると融点が下がって鋳込みやすくなる。前四〇〇〇年紀後半には、砒素（ひそ）あるいは錫と混ぜて青銅という合金を生みだした。

錫の量を加減すると粘り強い刃を作ったり、硬度を増したりできる。青銅はメソポタミアでは前二五〇〇年頃に一般化していった。錫はアフガニスタン西部からペルシア湾を経由してメソポタミアに運ばれた。

銅の精錬となれば、我が国の「公害の原点」といわれる「足尾鉱毒事件」のように、硫酸を含む煤煙や鉱毒によってシュメルに公害はなかったのか疑問視されるところであるが、この件についてシュメル人はなにも語っていない。

商人ウルエンキの仕事

本章冒頭に紹介した銅の購入記録とは別の会計簿がある。同じ商人ウルエンキがディルムンから買って来た。


　二三四マナの銅の鋳塊。ディムトゥルの所有物。商人ウルエンキがディルムンの国から持って来た物である。ラガシュ市のエンシ（＝王）、ルガルアンダが王宮で量った。

（ルガルアンダ王）治世一年

ウルエンキに手渡された品物がふさわしい量と純度の銅か確認するために、量りなおされた記録である。二三四マナは約一一七キログラムにもなり、かなりの量の銅になる。

　商業行為は公正を旨とすべきだが、実際には不正がある。「良い買物をした」と喜んでいたら、実はとんでもないものをつかまされていたということは現代の日本では間々ありうることで、シュメルにもあった。さもなければ、量りなおすことはないはずである。

　この銅を所有していたディムトゥルは、エンエンタルジ王の后妃であった。ルガルアンダはエンエンタルジの息子であるから、ディムトゥルはルガルアンダの母の可能性がある。

　ウルエンキは購入して来るだけでなく、たとえば、次の会計簿のように販売にも出向いた。マガン産の銅をディルムンで購入する一方でルガルアンダ王に持って来られた穀物や油脂などの物品をヌバンダ職（王の経営体の最高責任者）シュブルから渡され、ディルムンで売ったのであった。


商人ウルエンキが受領した品物。

六〇グルサグガルの大麦、一八〇マナの白い杉の樹脂、香油一壺、ラード一〇壺、脱穀したエンマー小麦一五グルサグガルは「贈物」である。

脱穀したエンマー小麦二と二分の一グルサグガル、大麦の粉二と二分の一グルサグガル、粗い粉四分の一グルサグガル、煎った大麦の粉二分の一グルサグガルは「マシュダリア」である。

（以上は）ラガシュ市のエンシ（＝王）、ルガルアンダの所有物（である）。ディルムンの国へ向けて（売るために）、ヌバンダ職シュブルが商人ウ［ルエ］ンキに与えた。

（エンエンタルジ王）治世五年
（一グルサグガル＝一四四シラ＝約一四四リットル　一マナ＝約五〇〇グラム）


王のもとには大麦などのさまざまな物品が貢租や贈物として持って来られていた。そのすべてをすぐに消費することはなく、時には倉庫に保管し、必要に応じて役人である商人を使って、ディルムンなどへ売りにいかせていた。

大商人ウルエムシュ

一九二頁で紹介した下級労働者（イギヌドゥ）を銀で買って来たウルエムシュの円筒印章印影図が残っている。

ウルエムシュの円筒印章印影図　右上に「ウルエムシュ、大商人」と書かれている

「ウルエムシュ、ガル・ダムガル（＝大商人）」と名前がはいり、図柄はこの時代に好まれた「動物闘争図」である。ウルエムシュは「后宮」の会計簿にしばしば名前が見られる人物で、「后宮の大商人」あるいは「エンシ（＝王）の大商人」とも称していた。

ルガルアンダ王の后妃、バルナムタルラはウルエムシュを使って交易をおこなっていた。ある時はバルナムタルラに物納された魚をウルエムシュに売り物として渡した。また別の時には神殿で使うためだろうか、あるいはおしゃれのためであろうか、ある種の「香」を持って来させてもいる。

ウルエムシュはバルナムタルラだけでなく、ルガルアンダ王から王権を簒奪したウルイニムギナ王の后妃シャグシャグにも仕え、シャグシャグから再三にわたって多量のラガシュ産たまねぎを売り物として受け取っている。

たまねぎはディルムンでも作っていて、ディルムン産のたまねぎがラガシュ市に持って来られた。たまねぎはパンとともに労働者に支給されることもあった。また、たまねぎやにんにくは食料のほかに医薬品としても利用されていた。

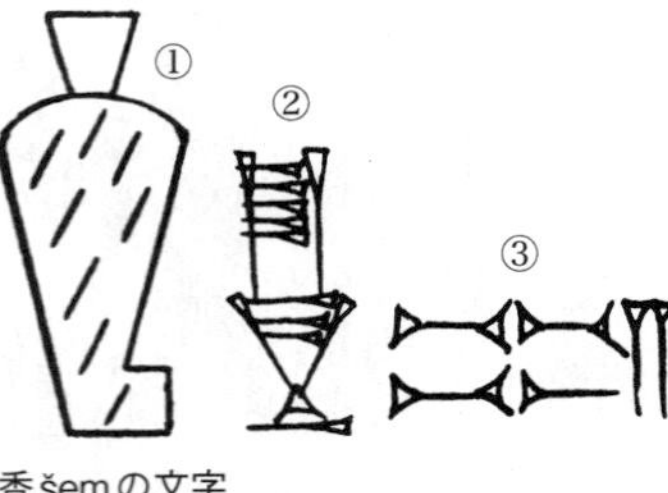

香šemの文字
①古拙文字　香をいれた容器の象形
②前2400年頃の楔形文字
③前1000年紀の楔形文字

ディルムンの彼方の地マガン

ディルムンよりも遠方にあったマガンとメルッハの名前はサルゴン王の王碑文が初出で、これはアッカド王朝時代になって交易圏が拡大していたことを表している。マガンは銅や閃緑岩の産地でもあり、ここからは木材も輸入されていた。

グデア王は自身の像を多数作ったが、その材料となる閃緑岩はマガンから持って来ていた。たとえば、グデア王の「大きい像」（グデア王の像D）には次のように書かれている。

> マガン、メルッハ、グビ、ディルムンの国が（グデア王のために）木材を輸送した。船がそのすべての木材をラガシュ市まで運んだ。マガンの山から閃緑岩を切り出して来た。

彼（＝グデア）の像に作った。

この「大きい像」にしても頭部が欠けた座像でありながら、高さが一・五八メートルもある。大きな石の塊をマガンからラガシュに船で輸送するのは大変だったにちがいない。グデア王の像はすべてが完全な姿ではないが、三〇体ぐらい残存している。一〇体以上の像が閃緑岩で作られ、「大きい像」も含めて八体の像には「マガン産」と書かれている。黒い閃緑岩は硬い石で石灰岩や雪花石膏（アラバスター）にくらべると温かみには欠けるが、像に精神的な深みを与える。グデア王は閃緑岩の像を好んだのかもしれない。アレクサンドロス大王（前三三六―前三二三年）は名工リュシッポスが彫った大王像を好んだという。グデア王像を彫った「シュメルのリュシッポス」の名前はわからないが、長い指や端正な楔形文字を見るとかなりの技量がある彫刻師がいたのであろう。

グデア王の「大きい像」

「黒い外国」メルッハ

メルッハはマガンよりもさらに遠方にあった。「黒い外国」と呼ばれ、現代のインダス河流

瘤牛　印影図

メルッハの通訳の印章印影図

域と考えられている。後代に猿や象牙がもたらされたことから、新アッシリア時代にはエチオピアを指しているとの説もある。

出土地が不明だが、アッカド王朝時代の面白い図柄が刻まれた蛇紋岩製円筒印章がルーヴル美術館に収蔵されている。高さ二・九センチメートルほどの印面に、一組の男女が犠牲獣などを手に、女神に礼拝している。女神のひざにはひげを生やした子神が座り、女神の背後では大きな釜を監視している従者とその上に大きな壺が二つある。

この印章の持ち主は「シュ・イリシュ、メルッハ（国）の通訳」と、銘文からわかる。

異なる言語を使う国の間での交流が進めば、いつまでも身振り手振りだけというわけにはいかず、やがて通訳が必要になり、それを生業とする人がいた。メルッハの通訳の印章となると、女神の背後にある壺や釜にはメルッハの特産品がはいっているのかもしれない。

『エンキ神と世界秩序』神話では、メルッハから黄金と銀が船によって運ばれたと語られている。また、「黒い外国」メルッハには金

魔除けの犬　粘土　高さ4.5センチメートルから5.6センチメートル　ニネヴェ市、アッシュル・バニパル王の王宮から出土　新アッシリア時代

や銀のほかに、背の高いメスの木、長い葦、大きな山の牛（瘤牛のことか）、孔雀、紅玉髄（カーネリアン）、銅など、メソポタミアに住む人々には珍しいものがあると語られている。

遠いメルッハとの交易で、見返りにメソポタミアから輸出したのは油か毛織物ではないかと考えられている。

ギルガメシュと「杉の森」

元祖「狛犬」

ラガシュ市のウルナンシェ王は神殿建立に際し、ディルムンから木材を調達したことは第Ⅰ章の「奉納額」AやDからわかるが、ディルムンは良質の木材の産地ではないので、銅と同じく中継貿易と考えられる。

ウルナンシェ王朝第四代エンアンナトゥム一世は白い杉を具体的な名前は書かれていない山から運び出し、ニンギルス神の神殿の屋根をふく木材として利用したという。

また「ハルップ材で（作った）犬を門番として彼（＝ニンギル

ス神）のために住まわせた」と煉瓦に王碑文を刻んでいる。神殿の入り口に魔除けとして木製の犬を置いた。新アッシリア時代には、粘土で小さな犬の像を作って、魔除けのために王宮入り口付近基礎部分のくぼみに置いたが、エンアンナトゥム一世の木製の犬はこれに先駆けた例になる。元祖「狛犬」といえよう。

最高級木材「レバノン杉」

シュメル地方は大木が鬱蒼と茂る土地ではなかったが、樹木がまったくないわけでもなかった。「后宮」の会計簿には育成されている樹木、庭園などから伐採された木材、倉庫への木材搬入や管理そして木製の道具と、さまざまな木材についての記録があることから、ラガシュ市内にも樹木はあった。特に会計簿に登場するのがアサルの木である。ほかにタマリスク（御柳）、松の一種、りんごなどの木の名前があげられているが、シュメル人たちにとってアサルの木が身近な木材では一番重宝だった。

アサルの木はユーフラテス・ポプラ（ヤナギ科ヤマナラシ属）を指すようだ。ユーフラテス・ポプラは和名コトカケヤナギといい、落葉高木で、建築材料にも使える。

だが、それでも立派な神殿や王宮を作るためには長く太い木材が必要だった。それに適した最高の木材「レバノン杉」は、シリア北部からアナトリアにかけての「杉の山」に生えていた。

地中海に面したレバノン共和国はその国旗中央に一本の大きな樹木をあしらっている。名にし負う「レバノン杉」が国旗の真ん中に据えられている。日輪や星辰（せいしん）を国旗にあしらう国は多い。葉や枝をあしらった国旗もあるが、樹木を国旗の中心に描いた例はレバノン以外にないであろう。「レバノン杉」は力、神聖、不滅の象徴であるという。

ややこしい話だが、「レバノン杉」といえば、スギ科の樹木と思う。だが、スギ科ではなく、マツ科ヒマラヤスギ属の針葉樹である。樹齢を重ねた「レバノン杉」は高さ三〇メートル以上、幹の直径二メートル以上にもなる。香りが良いことから、「香柏（こうはく）」ともいわれ、堅い材質で、日本の栂（つが）（マツ科）と似ているという。

レバノンの地中海に面した地域はフェニキアと呼ばれ、フェニキア人は地中海貿易で活躍したが、フェニキア人の艦船や商船は「レバノン杉」で造られていた。

耐久性に優れ、真っ直ぐな木目をした「レバノン杉」は神殿の用材でもあった。メソポタミアでは煉瓦、エジプトでは石材を使って神殿を建てても、扉や梁などに木材は不可欠であった。エジプトでは死んだファラオ（＝王）が天空および冥界を旅

ユーフラテス・ポプラ

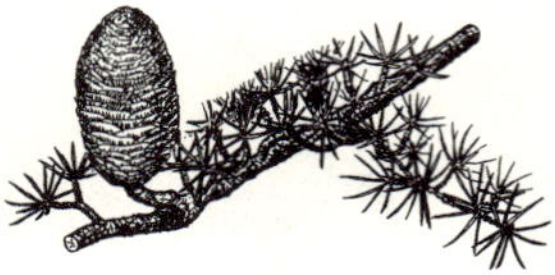

レバノン杉

指物師　素焼き粘土の小板　扱っている素材も座っている椅子も木材か　高さ８センチメートル　前2000年紀初め

レバノンの国旗

する際に乗る「太陽の船」もレバノン杉で造られていた。ギザのクフ王（前二五七九—前二五五六年頃）の大ピラミッドの側から発見された「太陽の船」はその場所に復元、展示されている。これは今から約四五〇〇年も前に伐採された「レバノン杉」である。

『ギルガメシュと生者の国』

シュメル人は良材がほしかった。ユーフラテス河を遡って採りにいった。危険を冒して伐採して来ることもあっただろうし、時には代価を払わずに現地の人間と木材をめぐって争いになったこともあったかもしれない。シュメル人はこうした一連のできごとを神や英雄が登場する物語の中に挿入した。

アッカド語版『ギルガメシュ叙事詩』にはギルガメシュと友人エンキドゥが「杉の森」に棲む怪物フンババ（シュメル語版ではフワワ）を退治する話がある。この話のもとはシュメル語で書かれた『ギルガメシュと生者の国』である。

　ギルガメシュはウルク市から七つの山を越えた所にある「生者の国」に生えている「杉の木」をウルク市へ持って来ようと考えた。ギルガメシュは友人エンキドゥと、ウルクで募った母も家もない五〇人の従者をしたがえ、遠征に赴く。「杉の山」は恐ろしい怪物フワワによって守られていた。「杉の木」を七本切り倒し、フワワを倒した。そしてその屍をエンリ

ギルガメシュ　人面牡牛を御す

仔ライオンを抱くエンキドゥ

フワワ　グロテスクなことに顔は腸である

ル神の御前に持っていくが、物語の最後は欠損している。

現代の商売は貨幣を支払うことで取引が成立する。過去には物々交換があり、同時に略奪もまた一種の交易であった。ここに英雄が活躍する余地があり、前で話したエンメルカル王やルガルアンダ王とならんで英雄ギルガメシュの軍事遠征による活躍も、木材がほしかったシュメル人が自らの欲望を正当化するための理由づけであったようだ。

サルゴン王の野望

ウンマ市の王からウルク市の王となり、シュメル統一を達成したルガルザゲシ王の王碑文には「下の海（＝ペルシア湾）からティグリス河とユーフラテス河を経て上の海（＝地中海）にいたるまでその道を彼（＝エンリル神）が彼（＝ルガルザゲシ）のために切り開いた」と書かれている。

サルゴン王遠征図

しかし、前で話したようにシュメルの天下統一を果たしたルガルザゲシ王も、同時期にバビロニア北部を統一したアッカドのサルゴン王に敗北し、その治世は二五年で終わってしまった。

初期王朝時代には、シュメルの交易圏はペルシア湾や東方イラン高原と限られた地域であったが、アッカド王朝時代には西方、地中海方面へと拡大した。

アッカド王朝初代サルゴン王は、軍事遠征を三四回もおこなったと自らの王碑文に書かせている。あるサルゴン王の王碑文は次のようにいっている。

　ダガン神はサルゴンに「杉の森」と「銀の山」までの「上の国」、マリ市、イアルムティ市そしてエブラ市を与えた。

ユーフラテス河中流域のマリ市は要衝で、交易の中継地であった。そのために、サルゴンは昔ながらの交易ルートをたどりながらユーフラテス河を遡ってマリを征服した。孫にして四代目のナラム・シン王もマリに軍事遠征をした。

北シリアのイアルムティ市（現代のアレッポか）やエブラ市（現代名テル・マルディーク）にも足を伸ばしている。エブラは「杉の山」の入り口にあたり、地中海とメソポタミアを結ぶ重要な交易路を支配していたので、ナラム・シン王はエブラに壊滅的打撃を与えた。

なお、アッカドの王たちは西方だけでなく、東方山岳地帯にも原料確保、交易路掌握などの目的で軍事力を行使し、その功績を戦勝碑に刻んで残そうともした。

エブラの文書庫想像図　描かれていない手前も含めて、壁3面に3段ずつの木棚が据えつけられていた

エブラ市の発見

一九七六年（昭和五一年）四月一日の朝刊各紙には「世界最古の用語集発見」「くさび形文字粘土板一万五千枚」などの文字が躍っていた。これはエイプリル・フールの偽記事ではなく、三月三〇日にローマで発表された、「エブラ遺跡発見」という考古学上の大きなニュースだった。当時の日本でエブラのことを知っていた人はほんの一握りだったが、エブラ文書に書かれていた人名が『旧約聖書』に登場する人名と酷似していたことから、欧米や西アジア世界では大きな話題となった。

エブラ市の所在地は長くわからなかった。

一九六四年からイタリア考古学調査団（P・マティエ団長）はシリアのアレッポ市南

南西約五五キロメートルのテル・マルディーク遺跡を調査していたが、「王宮G」の文書庫から約一万六〇〇〇枚の粘土板と断片（復元作業の結果、現在では約二五〇〇枚の粘土板が出土したと考えられている）を発見した。これらは「エブラ文書」と呼ばれている。「王宮G」は火災によって破壊されたが、火災のおかげで粘土板が焼かれて保存のきく状態になって埋もれていたことが幸いし、ここがサルゴン王やナラム・シン王の王碑文に記録されたエブラ市と特定された。

エブラでは、セム語に属しアッカド語と同じくらい古いエブラ語が使われている。「エブラ文書」の出現は、メソポタミア南部でシュメル人が都市国家を分立させていた頃に、北部にはエブラ市、マリ市、キシュ市そしてアッカド市のようなセム語文化圏があったことを明らかにした。

エブラはその繁栄期にアッカドの王たちと敵対し、またマリとも戦っている。後代になるとエブラの名前はエジプト第一八王朝トトメス三世（前一四七九―前一四二五年）がカルナック神殿の壁に刻んだ征服地名表に含まれている。

グデア王の筏流し

ところで、木材はどのように運んだのであろうか。

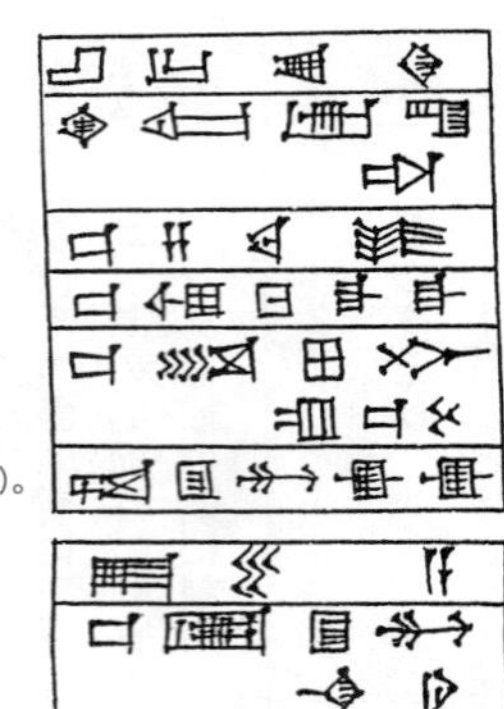

グデア王の像B　５欄53行〜６欄２行

船尾に木材をくくりつけ、フェニキア沿岸の海上を輸送する船団を浮彫で刻んだ壁画が新アッシリア時代のサルゴン二世（前七二一—前七〇五年）造営のドゥル・シャルキン市（現代名コルサバード）の王宮から出土していて、現在はルーヴル美術館に展示されている。

グデア王は神殿を建立する際にアマヌス山脈（トルコとシリアの国境付近）などから木材を運ばせた。また、ペルシア湾方面のマガンとメルッハの山からも木材がもたらされた。「建築家グデア王の像」王碑文には、木材を筏に組んでユーフラテス河に流したことが次のように伝えられている（上図参照）。

ウルス市の町とエブラ市の山から、杜松（ねず）、大きなもみの木、松、山の木材を彼（＝グデア）は筏にして（持ち出した）。エニンヌ神殿で（ニンギルス神のために）それらを屋根の梁にした。

「レバノン杉」への漢方療法

「レバノン杉」はレバノン山脈一帯に雄姿を誇っていたが、人間の欲望の前には勝てず、古代オリエント文明を支えた名木は伐採に次ぐ伐採で本数を減らし続けた。さらに一九七五年から一九九〇年まで一五年間続いた「レバノン内戦」が拍車をかけ、レバノン全体でわずか千数百本になってしまったという。弱り目に祟り目で、環境の悪化が「レバノン杉」にもおよび、立ち枯れが目立つようになったそうである。

こうした事態に心痛めた日本人が日本国内で松枯れ防止に漢方薬などを使って成功している技術を「レバノン杉」にも応用し、効果をあげているとの報道があった。こうした事業が長く続き、成果をあげることを祈りたい。

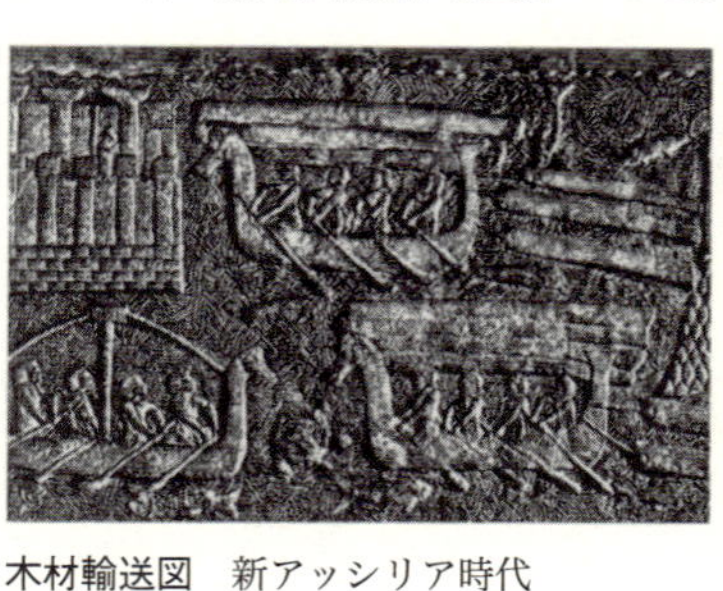
木材輸送図　新アッシリア時代

石油より大事なもの

「魔法の液体」

西暦二〇〇〇年の統計ではイラクは世界第九位の原油産出国である。古代メソポタミアの人々は石油の自然発火を「ムシュフシュ（想像上の合成獣）」として恐れていた。また神殿建立の際に、建築儀礼として石油を燃やして浄めの儀式をおこなったようだ。

だが、シュメル人が大いに利用したのは「燃える水」としての石油ではなく、瀝青で、すでに前四〇〇〇年紀末に、ウルク市の植民都市、ハブバ・カビーラでは溶鉱炉の温度を上げるのに瀝青を使っていた。

ムシュフシュ　アッカド王朝時代のエシュヌンナ市にあった小さな家の祠に置かれていた雪花石膏製浮彫像。表面には神像などが彫られ、上図はその裏面で、角のある冠も翼もない（67頁図参照）ムシュフシュの古い姿

瀝青とは「天然アスファルト」のことで、石油鉱床地帯に天然に産出する。日本でアスファルトといえば道路の舗装工事で使われている臭くて黒いドロドロしたものといった印象だが、日本の道路で利用されているアスファルトは天然のものではなく、石油精製の際に蒸留した原油の残り滓（かす）を使っている。

瀝青をシュメル語でエシルといい、アッカド語でイトゥーとなり、これがユーフラテス河畔のヒート市の語源となった。現代の油田地帯キルクーク周辺は、クルド人の自治区に含まれているが瀝青の産地で、ティグリス河中流にも瀝青の産地があり、籠にいれて運ばれた。

瀝青は優れもので、その用途は多方面にわたり、人々の生活には欠かせないものであった。船舶、家の屋根や壁面に塗って防水をし、象眼細工や煉瓦を積む際には接着剤として使用された。

マドガの山

初期王朝時代ラガシュ市最後のウルイニムギナ王治世には、「后宮」で所有していた瀝青を搬出する記録がある。

二一と四分の一グルサグガル量の乾燥させた瀝青がガラトゥルの船に置かれた。

六グルサグガル量の乾燥させた瀝青がアルネの深い所をいく船に置かれた。

ヌバンダ職エンイグガルが置いた。バウ女神所有の瀝青。

ラガシュ市のルガル（＝王）、ウルイニムギナの妻、シャグシャグ。

（ウルイニムギナ王）治世二年

（一グルサグガル＝約一四四リットル）

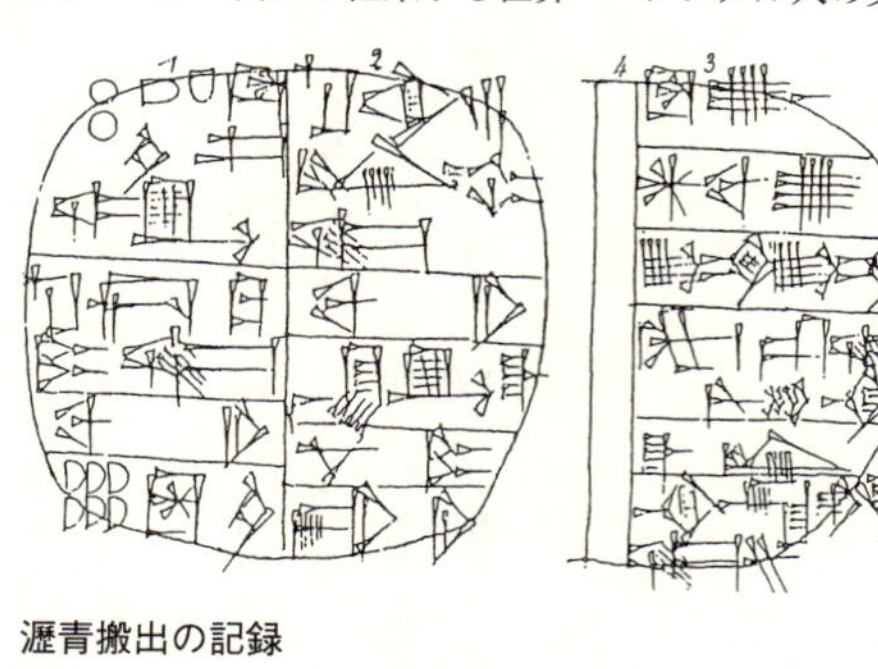

瀝青搬出の記録

グデア王の「円筒碑文A」はラガシュ市の都市神ニンギルス神のためにエニンヌ神殿を建立する次第を書いた長い王碑文で、その中に瀝青をマドガの山から船で持って来たとの一節がある。マドガは現代のキルクーク地方にあたり、瀝青が特産品であった。「建築家グデア王の像」碑文にも「審判の河の山であるマドガ（の山）から瀝青を持って来た。エニンヌ神殿の基礎を建てた」と刻まれている。瀝青は重要だが、シュメル人が活躍した時代には現在の石油のように加工してさらに富を生み出すことはなかったためか、シュメルの王たちの瀝青への興味は王威を誇示できるラピスラズリ、銅およびレバノン杉に比べるとあまり強くない。

V
星になったシュルギ王

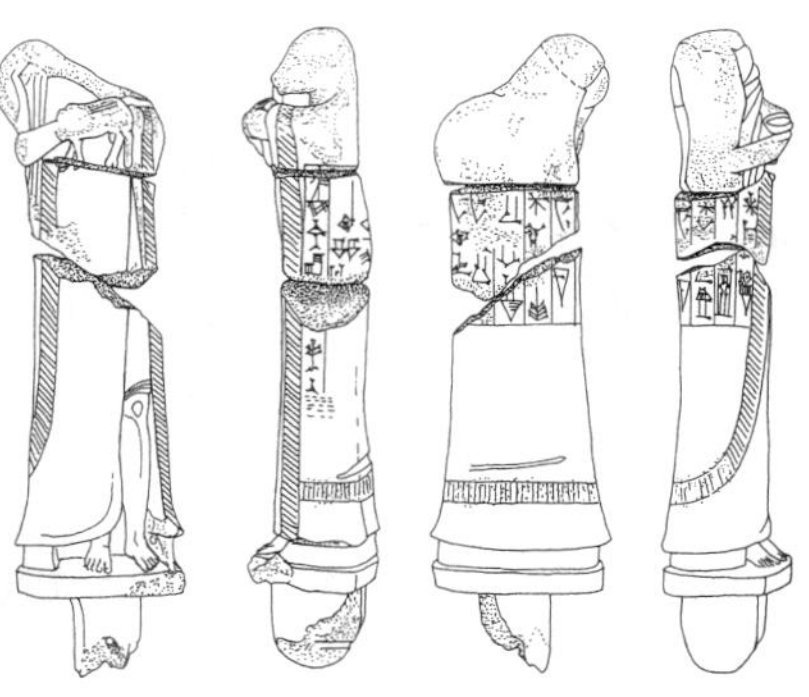
4方向から見た引き裂かれたシュルギ王像
彼の王ニ[ンギルス]神の愛する子であるイグアリム神に、強き男にしてウル市の王、シュメルとアッカドの王であるシュル[ギ]神が彼の生命の［ために］（この像を）奉献した

仔山羊を奉献する人
多分シュルギ王像はこうした姿だった

帝王の佇まい

引き裂かれたシュルギ王像

前述のようにサルゼックが指揮するフランス隊がラガシュ市のギルス地区を発掘した際に、粘土板や碑など多数の遺物が発見された。その中に二つに割れた、ウル第三王朝第二代シュルギ王（前二〇九四―前二〇四七年頃）小像（本章扉右図）も含まれていた。像の上半身は頭部が欠損し、ルーヴル美術館に収められた。下半身は当時イラクを支配していたオスマン（トルコ）帝国のイスタンブル考古学博物館に収められ、以来、像は引き裂かれたままである。

凍石で作られ、高さは二つあわせて約二〇センチメートル、幅は約五センチメートルと、大きな像ではない。長寿祈願のために神殿に奉献した「祈願者像」である。犠牲獣（多分仔山羊）を胸に抱き、房のついた衣服を着ている像は、腰のあたりに刻まれていた王碑文からシュルギ王の像とわかった。

残念ながらシュルギ王の面差しを偲ぶことはできないが、頭部がないのはそれなりの理由がある。「祈願者像」は神殿の内陣に納められ、像を納めた人間に代わって祈るとシュメル人は考えていた。いざ戦争ともなれば、神々にご加護を請い願うこうした像は敵によって破壊され、ことに頭部はこわされた。

シュルギ王の像はもう一体あるが、これも今話したような理由で、完全ではなく、こわされた像で、イラク博物館に収蔵されていた。「収蔵されている」と現在形で断言できないのは、二〇〇三年のバグダード陥落後に博物館が略奪され、どうなったかわからないからである。

王の個人情報

シュルギ王がどのような顔をしていたかはわからない。しかし、グデア王の顔はよく知られている。「シュメル人はどんな顔をしているのか」と尋ねられた時に、「こんな顔」としばしば具体的な例として引き合いに出されるのは、太い眉に大きな眼をしたグデア王像である。

グデアはマガンから輸入した閃緑岩を使って、自らの「祈願者像」を多数作って神殿に納めた。頭部だけといった断片も含めて三〇体ほどのグデア王像が

もう１体の、こわされたシュルギ王像　閃緑岩　高さ26センチメートル　イラク博物館蔵

グデア王頭部像

現在残っているが、その多くはフランス隊によって発見されたので、通称「グデアの間」といわれるルーヴル美術館の一室に並べられている。

グデア王像は王碑文が刻まれていることも多く、粘土板、粘土釘などに刻まれた王碑文とあわせて、グデア王に属す王碑文は多数ある。こうした王碑文から神殿建立の次第などは詳細にわかるが、ではグデア個人についての情報はとなると、そう多くはない。たとえば家族関係だが、ラガシュ市の前王ウルバウの娘ニンアルラを娶（めと）っていたこと、前述のようにもう一人妻がいたこと、グデアの後継者となった息子ウルニンギルス二世がいたことぐらいしかわからない。

それではシュメルの王たちの中で、個人情報がもっとも残っているのは誰かといえば、それは「顔がない王」シュルギになるだろう。シュルギ王については王碑文、行政経済文書、「王讃歌」「王室書簡」そして「年名」（二三七頁参照）などのさまざまな種類の記録が残っている。

自画自讃の文学

「王讃歌」は統一国家が確立されたウル第三王朝時代にふさわしい文学作品である。王の偉

「祈願者像」が並ぶ神殿内陣想像図

像に組み合わせる鬘　前髪上部にシュルギ王の長寿をラマ女神に祈願する旨の王碑文が書かれている

大さを褒め讃え、その偉大な王のもとで国家の平安と豊饒、社会の公正と正義が得られることを願う内容である。王が書記に命じて書かせたのであろうが、時には王の一人称で詠われることもあり、王の自画自讃、自己陶酔の文学である。

「王讃歌」はウル第三王朝初代ウルナンムエ（前二一一二―前二〇九五年頃）から作られ、ウル第三王朝滅亡後も古バビロニア時代まで見られる。中でもシュルギ王は自らを讃える王讃歌をこれでもか、これでもかとあきれるほど数多く作ったので、現代の学者たちが『シュルギ王讃歌A』『シュルギ王讃歌B』のように整理し、AからZまである。いくつか欠落しているが、それでも、二三の作品が存在しているという説を、イスラエルのシュメル学者J・クレインは主張していて、少なくとも二〇以上はあったと考えられる。

シュルギ王の面差しを伝える像は残っていないが、「王讃歌」の中ではシュルギは極端に理想化されている。威厳があり、胸をおおう美髯をたくわえ、その髯は「ラピスラズリのひげ」と形容されている。容貌だけでなく、強健な肉体と並ぶ者のない知力を誇り、かつ神々を厚く敬い、神々の恩寵を受けるシュルギは人民の鑑であった。

シュルギを賞讃する表現は「大きく口を開けたライオン」「力強い四肢を持つ巨大な牡牛」のように、もっぱらライオン、牛、竜のようなりっぱな動物にたとえられた。

お手本になった手紙

ウル第三王朝時代には王と臣下との間でしばしば手紙をやり取りした。こうした手紙は一まとめにして「王室書簡」と呼ばれているが、それらの実物は全く残っていない。しかし、その内容は意外な形で後世に残され、当時の国家事情を知る重要な手掛かりとなった。

それは一〇〇年後の古バビロニア時代に学校で写本が作られ、教材として利用されていたのだ。書記つまり役人ともなれば、時には王の手紙を代筆するようなこともある。過去の手紙は書き方のお手本となり、またその内容から役人としてのさまざまな状況への対処の仕方を学べる貴重な教科書でもあった。

ちなみに江戸時代の寺子屋でも手紙（往来物）を教材にした。町人の子供たちは手紙が書けないとお店に勤められなかったからである。

ウル第三王朝滅亡の事情も第五代イッビ・シン王（前二〇二八―前二〇〇四年頃）が家臣

と交わした手紙からわかり、これも学校の教材として使われていた。また、この時代には行政命令を目的とする手紙が盛んに書かれた。つまり命令は手紙形式で出されていた。

イッビ・シン王

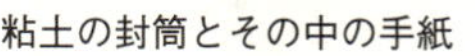

粘土の封筒とその中の手紙

　シュルギ王の手紙も学校でお手本とされていた。城壁の造築、杉の樹脂の購入、そして灌漑作業などについて家臣がシュルギに報告や嘆願をし、それに王が答える内容である。

　シュルギ王は文字の読み書きができたが、これは王としては例外であった。手紙を自分で書ける差出人や手紙を読める受取人は多くはなかった。使者は手紙を手渡すとともに、暗記している手紙の内容を口頭で伝えたようだ。だからこそ、たとえば部下のプズル・シュルギ将軍がシュルギ王にあてた手紙の書き出しは「我が王（＝シュルギ）へいえ。『バド・イギフルサグ』（山岳に面した城壁の意味）城壁の将軍にして、あなたの僕（しもべ）プズル・シュルギが語ることを」のようになる。このプズル・シュルギ将軍はシュルギ王に、手紙である切実な要望を伝えたことがわかっている（二七六頁参照）。

四八年分の功業

バビロニア地方の各国は年を表す際に、その年あるいは前年に起きた重要事件で年を表す。これを「年名」という。現在わかっている限りではウルク市のエンシャクシュアンナ王が「年名」を採用した最古の王で、「エンシャクシュアンナがキシュ市を攻囲した年」がその「年名」である。ウル第三王朝時代の「年名」はその年に起きた重要事件にちなんでつけられていた。同一年に二つの年名があったこともある。また、「年名」には負け戦とか災害のような、王の失政にあたるできごとは見えず、王が誇示したい功業が並べられている。

シュルギ王の治世はバビロン第一王朝第六代ハンムラビ王（前一七九二―前一七五〇年頃）が治めた四三年よりも長い四八年で、その間の「年名」が治世四年を除いてわかっている。

治世一九年までは神像搬入や神殿整備などの宗教的なことがらの「年名」が並んでいることから、シュルギは神々を正しく祀り、国内における支配を固めたことがわかる。支配が固まった後で、治世二〇年頃には諸改革をおこなった。改革が達成されると、シュルギは遠征に力をいれる。治世二一年にはデール市を征服し、以後エラムやティグリス河東岸北部への遠征での功業が「年名」に採用されている。

シュルギ王の年名

治世年	年名
一	シュルギ（が）王（になった）年
二	ウル市の王シュルギがエンリル神のためにラピスラズリの玉座を運びいれた年
三	ニンシュブル（女）神のために神殿の厨房を建てた年
四	［不明］
五	ニヌルタ神の神殿の［基礎を］置いた年
六a	デール市（？）を［復興した］年
六b	ニヌルタ神の神殿の［基礎を］置いたその次の年
七a	ニップル街道を［整備した］年
七b	王がウル市［から］（ニップル市へと往来した）年
八	ニンリル女神の御座船を防水した年
九	カルジダのナンナ神を（彼の）神殿に運びいれた年
一〇	王のエフルサグ宮殿を建てた年
一一	デール市のイシュタラーン神を（彼の）神殿に運びいれた年

一二a　カザル市のヌムシュダ神を（彼の）神殿に運びいれた年

一二b　ルガルバガラ神（＝ニンギルス神）を（彼の）神殿に運びいれた年

一三a　王の氷室を建てた年

一三b　ルガルバガラ神を（彼の）神殿に運びいれたその次の年

一四　ニップル市のナンナ神を（彼の）神殿に運びいれた年

一五　ナンナ神のエン神官（である）エンニルジアンナを内臓占いで選んだ年

一六　ニンリル女神の寝台を［作った］年

一七　ナンナ神のエン神官（である）エンニルジアンナを任命させた年

一八　王の娘リウィル・ミタシュがマルハシのニン（＝后妃）の位についた年

一九　ドゥーラム（？）を復興した年

二〇a　ウル市の市民が槍で武装した年

二〇b　ヌトゥルのニンフルサグ女神を（彼女の）神殿に運びいれた年

二一a　エンリル神のエンシガル神官（である）ニヌルタ神がエンリル神とニンリル女神の神殿で神託を下し、（そして）ウル市の王シュルギ神がエンリル神とニンリル女神の神殿の土地と会計を整えた年

二一b　［デ］ール市を征服した［年］

二二a　ニヌルタ神［……］その次の年

二二b	デール市を征服した［その次の年］
二三	王シュルギ神―エンリル神が至高の力を授与した［……］年
二四	カラハルを征服した年
二五	シムルムを征服した年
二六	シムルムを二度目に征服した年
二七	ハルシを征服した年
二八	エリドゥ市のエン神官を就任させた年
二九	エリドゥ市のエン神官を就任させたその次の年
三〇	王の娘がアンシャン市のエンシ（＝王）に嫁いだ年
三一	カラハルを二度目に征服した年
三二	シムルムを三度目に征服した年
三三	シムルムを三度目に征服したその次の年
三四	アンシャン市を征服した年
三五	アンシャン市を征服したその次の年
三六	カルジダのナンナ神を二度目に（彼の）神殿に運びいれた年
三七	国土の城壁を建てた年
三八	国土の城壁を建てたその次の年

三九	プズリシュ・ダガンの神殿を建てた年
四〇	プズリシュ・ダガンの神殿を建てたその次の年
四一	プズリシュ・ダガンの神殿を建てたその次の［次の］年
四二	シャシュルを征服した年
四三	ナンナ神のエン神官（である）エンウブルジアンナを内臓占いで選んだ年
四四	シムルムとルルブを九度目に征服した年
四五	強き男、ウル市の王、「四方世界の王」（である）シュルギ神がウルビル、シムルム、ルルブそしてカラハラを一まとめにして襲い、打ち倒した年
四六	強き王、ウル市の王、「四方世界の王」（である）シュルギ神がキマシュ、フルティそして彼らの勢力範囲を一日で征服した年
四七	強き王、ウル市の王、「四方世界の王」（である）シュルギ神がキマシュ、フルティそして彼らの勢力範囲を一日で征服したその次の年
四八	ハルシィ、キマシュ、フルティそして彼らの勢力範囲を征服した年

（ａｂは同一年に複数の年名があることを表す）

ウル第３王朝時代のウル王家王統図（主要人物名のみ）

ウトゥヘガル（ウルク市の王）
|?
①ウルナンム（前2112－前2095）＝*シアトゥム*　　アピル・キーン（マリ市の王）

エンニグルアンナ　②シュルギ（前2094－前2047）＝*タラーム・ウラム*
＝*シュルギ・シムティ*
＝*ゲメニンリルラ*
＝*アマト・シン*
＝*エアニシャ*
＝*ニンカルラ*
＝*シマトエア*
＝*シュクル［トゥム］*

③アマル・シン＝*アビ・シムティ*（前2046－前2038）　④シュ・シン＝*クバトゥム*（前2037－前2029）

⑤イッビ・シン（前2028－前2004）

イタリックは女性

ウル第三王朝の最盛期

「シュルギ王本紀」

古来読み継がれ、高く評価されている史書となれば、司馬遷（前一三五―前九三年頃）の『史記』とヘロドトスの『歴史』とが東西の双璧であることは異論のないところであろう。

『史記』は帝王の年代記と個人の伝記をあわせて書く「紀伝体」で書かれた最初の史書であった。面白いのは「列伝」といわれ、読者は感情移入して、世代を越えて読み継がれているが、それでも『史記』の中核となるのは「本紀」つまり帝王たちの生涯とその治績である。君主制の時代には間違いなく君主個人の資質が時代を決める大きな要素であった。

シュルギ王の治世はウル第三王朝時代一〇〇

年余の半分になろうかという四八年もの長さである。シュルギ王の治世をたどることは、ウル第三王朝というシュメルの統一国家をたどることにもなる。

怖い目をしたライオン頭部像
銀、ラピスラズリなど　プアビ后妃の墓から出土　高さ11センチメートル

ギルガメシュ神の兄弟

シュルギとはシュメル語で「高貴な青年」を意味し、ウル第三王朝を開いたウルナンム王の息子であった。ウルナンムの妻としてはシアトゥムが知られていて、彼女がシュルギの母であったようだ。

ところがシュルギは「王讃歌」の中では出自を理想化し、自らを神格化し、王名に神を表す限定詞をつけて「シュルギ神」と名乗った。「父」はルガルバンダ神、「母」はニンスン女神であると述べ、ニンスンを母としたことから、同じニンスンを母とするギルガメシュ神を、シュルギは「兄弟にして、友」と呼んでいる。

『シュルギ王讃歌A』は次のように詠い始めている。

私は王、胎内からの戦士、
私はシュルギ神、生まれながらの強き男である。

私は怒り猛った目のライオンにして、
竜が産みし（者）である。
私は「四方世界の王」であり、
私は羊飼い、「黒頭たち」（＝シュメル人）の番人である。
私は気高き者、すべての国々の神である。
私はニンスン女神が産みし子である。

アッシュル・バニパル王　ライオンをしとめる王の腰帯に２本の葦ペンがさしてあることで文字の読み書きができることを自慢している　新アッシリア時代

「理想の君主」

◎治世一年　「シュルギ（が）王（になった）年」

治世一年は即位の事実のみを記したあっさりした「年名」である。王の即位、神殿建立、主要な神官の選任は新年初めにおこなわれた。

父ウルナンム王はエラムとグティとの戦いで戦死したともいわれる。父王の死の理由については異論があるにせよ、シュルギ自身が四八年もの長きにわたって王位にあったことを考えると、若くして即位したことは間違いなかろう。

シュルギは最高軍司令官や最高行政官としての職責をそつなくこなした。占卜にも通じ、神託を解釈できるなど、神官の職責も果たすことができた。

また、専用の図書館をもち、音楽や文学を好み、ニップル市とウル市にキムウン（＝アカデミー）を置いたと、シュルギは自らが超一級の文化人であることを『シュルギ王讃歌B』などの中で披瀝（ひれき）している。

シュルギはイシン第一王朝第三代イディン・ダガン王（前一九七四―前一九五四年頃）、同王朝第五代リピト・イシュタル王（前一九三四―前一九二四年頃）、そして新アッシリア帝国で最大版図を誇ったアッシュル・バニパル王（前六六八―前六二七年）など古代メソポタミアの長い歴史の中でも数えるほどしかいない文字の読み書きのできる王の一人であった。

成績自慢

『シュルギ王讃歌B』で、シュルギ王は成績が良かったことを自慢している。

私の少年の頃から、私は学校に属し、

シュメル語とアッカド語の粘土板で私は書記術を学んだ、
少年の誰一人、私のように粘土板に（上手に）書くことはできなかった

シュルギは学校に通ったことを誇り、算術もでき、成績優秀であったことを自慢している。鼻持ちならないことに「五つの言語で答えた」とも書かれていることから、語学の才能があったようだ。シュメル語とアッカド語は当然のことで、蔑視していたエラム地方やマルトゥ人（＝アムル人。マルトゥはシュメル語で「西方」の意味）の言語あるいは交易関係のあったディルムン、マガンやメルッハの国々の言葉もわかったかもしれない。

学校へ通うことはシュルギ自身が希望したのだろうか。それとも父ウルナンム王が息子にそうさせたのだろうか。家父長が家族の中で大きな力を持つシュメル社会の有り様を考えると、苦労してウル第三王朝を開いたウルナンムが末長き王家の弥栄（いやさか）を願って、後継者である息子シュルギを学校へ通わせたのではないだろうか。学校へいくことは父王が授けた「帝王学」であったかもしれない。

四八年もの長きにわたって、シュルギが王位にあり続けられた理由は統治者として優れた資質を持っていた上に、王自身が学校で知的訓練を受け、読み書きがよくできた優等生であったことと無縁ではない。シュメルの学校は書記つまり役人を養成する訓練機関であった。王は役人の卵たちと机をならべ、役人としての知識、技術を身につけた。だからこそ、役人

のなんたるかがわかり統一国家の中央集権体制を支える役人たちの上に立ち続けることができたのである。

マリ王家からの花嫁

古代社会一般からいえばシュルギ王は一〇代の後半に結婚したと想像される。

父王ウルナンムはまだ健在で、ユーフラテス河中流域に位置していたマリ市を従えた。そこで、マリ市のアピル・キーン王は娘タラーム・ウラムをウル王家に嫁がせることにした。いつの時代、どこでも支配者階級の結婚は「両性の合意」で決まることはなく、政治の問題である。

マリ市とウル市との間を地図上で測ってみると、直線距離で約七〇〇キロメートルある。この距離は江戸と赤穂の距離六八〇キロメートルよりもやや長い。一七〇一年（元禄一四年）三月一四日に浅野内匠頭（たくみのかみ）が切腹させられると、急使が派遣された。早駕籠で四日かかり、一九日には赤穂へ着いている。江戸・赤穂間は通常は一四日かかったそうだ。マリからウルへは直線距離でいけるわけではなく、実際にはもっと長く、半月以上かかる距離で、しかも女性の旅である。となれば、ウル第三王朝時代には船の利用が広まっていたこともあって、ここは船旅であったにちがいない。ウル市からバビロン市まで船で一日でいけたとの記録があるが、いくらなんでも一日ではむりであろうと疑問視されている。花嫁のお輿入れの道具も我が国で俗にいわれたところの「柳行李一つ」といった少なさではなかったであろう。

人質を兼ねた花嫁タラーム・ウラムはまだ見ぬ花婿を想像しながら、不安と期待を胸にユーフラテス河を船で下ってウル王家へ輿入れして来たにちがいない。

タラーム・ウラムはウルナンムのエギア「義理の娘」と呼ばれ、おそらくシュルギの最初の妻で、後に第三代王となったアマル・シンを産んだ。

だが、後継者を産んでも、タラーム・ウラムは夫シュルギを独り占めすることはできなかった。

シュルギ王の後宮

シュメルの結婚形態は一夫一婦制が原則であったが、例外もある。第Ⅲ章で話したように、妻に子ができないと、夫は重婚が許されていたし、後継者を残すことが務めである王ともなれば、庶民とはちがい複数の妻を持つことがありえた。

「古代オリエント世界の帝王」となれば、後宮(ハレム)には美しい女性たちが侍って、帝王としての豪奢な生活を送ったと一般には想像されるのではないだろうか。こうした期待に応えてくれそうなのはシュメルではシュルギ王である。

シュルギにはタラーム・ウラムのほかに、王の妻をさす三つの呼称「ダム(=妻)」「ニン

（＝后妃）」および「ルクル（＝聖なる妻？）」と呼ばれた妻たちがわかっているだけで八人はいた。

アマト・シンはシュルギのダム（＝妻）で、シュルギが神格化される以前、つまり治世二一年よりも前に結婚したらしい。

シュルギ・シムティは「ニン」と「ルクル」の二つの称号で呼ばれた。シュルギ・シムティとは「シュルギ神は宝物」という意味のアッカド語の名前で、結婚後にでも改名したのであろう。ディヤラ河地域で信仰されている、非シュメル系の女神たちへの供儀にかかわっていることから、シュルギ・シムティは多分ディヤラ河地域の出身にちがいない。

シュルギ・シムティは治世二二年の文書ではニンと呼ばれていたが、治世三二年の文書では「ルクル」の称号に替わった。

「旅のルクル」

シュメル語「ルクル」はアッカド語の「ナディートゥム」に対応する。「ナディートゥム」は通常は結婚できず、子供を持つことを許されない女神官であることから、ウル王家での「ルクル」を「聖なる妻」と訳すこともある。

シュルギ・シムティは「ルクル・カスカル」つまり「旅のルクル」と呼ばれた。後代のメソポタミアの王たちは遠征時に後宮の一部を連れていく習慣があったことから、寵愛するシュルギ・シムティをシュルギ王は軍事遠征にともなったのかもしれない。

シュルギ王治世の真ん中頃に、「王の妻」を意味する語が「ダム」から「ルクル」に替わった。この変化はシュルギの神格化と関係している可能性がある。

「ルクル」の称号はシュルギ治世の後半そして続く王たちの治世に見られる。シュルギの「ルクル」を名乗った女性は少なくとも六人はいた。シュルギ・シムティのほかに、エアニシャ、ゲメニンリルラ、ニンカルラ、シマトエアそしてシュクルトゥムである。

シュルギは多くの妻たちを持ったので、当然子供の数も多かった。息子は一七人以上、娘も一三人以上はいたようである。そして、シュルギは子供たちを国家運営の手駒に使った。息子には軍事遠征の指揮をさせ、娘は政略結婚の道具にした。

中島敦と古代オリエント史

小説家の中島敦といえば、高校の国語の教科書の常連で、『山月記』などの作品がよく知られている。文章の中に漢字が頻出するが決して難解ではなく明晰で、しかもほとんどの作品が短編であるのが教科書向きであった。

『山月記』は古代中国を舞台とした作品だが、古代オリエント世界を題材とした作品も書いている。一つはアケメネス朝ペルシア第二代カンビセス二世（前五三〇―前五二二年）がエジプトに遠征した際の出来事を扱った不思議な話『木乃伊（みいら）』で、もう一つが『文字禍（もじか）』である。

『文字禍』は楔形文字を題材とした我が国唯一の小説になる。新アッシリア時代のアッシュル・バニパル王の命令でナブ・アヘ・エリバ博士が文字の霊について研究するが……くわしい内容は省略するが、これもまた不思議な話である。

中島敦が『文字禍』を発表したのは一九四二年（昭和一七年）の『文学界』二月号で、いったい中島敦はどこで楔形文字やアッシリアについての知識を得て、小説にしたのだろうか。以前から気になっている。中島敦の情報源がどこか、戦前から古代オリエント史を研究されていた学者に尋ねたことがあるが、わからなかった。

戦前に古代オリエント史の知識をもつ研究者は数えるほどしかいなかったし、文献がある場所も限られていた。戦前の研究者は東洋文庫（東京都文京区）などで蔵書を閲覧して、楔形文字を手写し、勉強会のテキストはカーボン紙を挟んで複製を作ったそうである。

昭和四〇年代半ばからのコピー機の普及はありがたいことで、文献があればコピーできるようになった。古くは東京教育大学で杉勇（すぎいさむ）先生が中心になって集められた一大コレクションを研究者はありがたく利用した。その後、中近東文化センター図書館（現在は三笠宮記念図書館）に文献が集められ、これも研究者にとっては「宝の山」で大いに助かっている。

　次から次へと文献を探していくと日本にはないこともある。だが、必ずしも外国へいく必要はない。オックスフォード大学東洋学科ではシュメル語で書かれた文学作品などを翻訳して、ウェブサイト（https://etcsl.orinst.ox.ac.uk/）に公開するという息の長い大きな計画が進行している。『シュルギ王讃歌A』が読みたいとなれば、このウェブサイトを見れば良い。図書館に出向いて、コピーする手間もなくなったのである。

　中島敦は一九四二年に三三歳で死んだ。彼が生きていて、ウェブサイトから情報を得る時代が到来したことを体験したら、どんな小説を書いていただろうか。

王の公務

シュメル人の中心地域

◎治世二年「ウル市の王シュルギがエンリル神のためにラピスラズリの玉座を運びいれた年」
　ニップル市に祀られている、シュメルの最高神エンリル神のために玉座を奉献したことを

ウルク市　エアンナ聖域

ニップル市

「年名」にした。シュメル・アッカドの諸都市はウル市に「臣下の礼」をとるとはいえ、最高神エンリルを祀ることを統一の証（あかし）としたが、都市としての独立性は消えず、ニップル市、ウンマ市そしてラガシュ市は独自の暦を使用していた。

　ウル第三王朝の支配は三重構造であった。ウル王家本来の支配地域はシュメル・アッカドの諸都市つまり中心地域（第一地帯）である。これらの諸都市は「バル」義務を負っていた。「バル」とはシュメル語で「交替」「順番」「期間」を意味し、ニップルに祀られている最高神エンリルに奉仕する勤番のことで、王が一定期間ニップルで奉仕し、また宗教儀式費用を負担したようだ。具体的には大麦、パン、ビール、魚などを貢納したらしい。

　だが、王都ウル、エンリル神の聖都ニップルそしてシュメルでも伝統のある古都ウルクの三都市はバル勤番に加わらず、特別扱いであった。一方で、バビロン市などのバビロニア北部の諸都市が勤番に加わっていたことは、来（きた）るべき古バビロニア時代の担い手がある程度力を蓄えていたことを示している。

また、シュメル・アッカドの地域外であるエシュヌンナ市（現代名テル・アスマル）とスサ市（現代名シュシュ）が、アマル・シン王治世以降に「バル」義務を負っていたことは中心地域が拡大していたことを表している。

第二地帯・「鬼門」の軍政地域

中心地域の外側、ティグリス河東岸一帯、ディヤラ河や大小ザブ河流域にいたる地域つまりシュメル・アッカドの北東方面が第二地帯になる。

この一帯はアッカド王朝時代にグティ人に侵入されて以来、政治的に不安定であった。「陰陽道（おんみょうどう）」では、北東方面は鬼が出入りする方角つまり「鬼門」といって忌み嫌ったが、まさにシュメル・アッカド地方に住む人間から見れば「鬼門」であった。

いつ戦闘があってもおかしくない所で、軍事力を張りつけるべき軍政地域であった。ウル第三王朝時代には東方のエラムへの遠征と同等以上の軍事力を向けていた。

ティグリス河東岸一帯に駐屯した軍団には特別の貢納「グナ・マダ」が課せられた。「グナ」は一般的に「貢納」を意味した。「マダ」とは、都市を意味する「ウル」に対して「地方」「国々」を指す。したがって「グナ・マダ」とは一般的にいえば「国・地方の貢納」となるが、この場合は「駐屯軍団からの貢納」である。

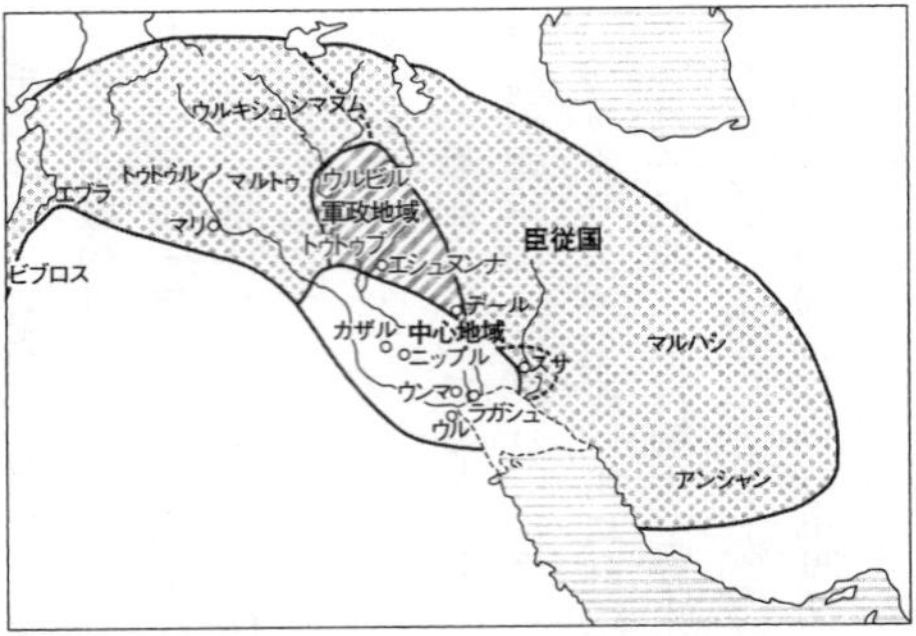

ウル第３王朝時代の支配領域　前田徹氏作製の地図を修正

第三地帯・臣従国

第三地帯は地中海岸のビブロス市（現代名ジュベイル）、シリアのエブラ市から北部メソポタミアを経て、イラン高原のマルハシやアンシャン市と、王朝の首都であるウルから最も遠い地方にあたり、「臣下の礼」をとる国々である。また、このグループにユーフラテス河流域のマリ市やトゥトゥル市付近までが含まれている。

このような国々に対して「グナ」貢納を定期的あるいは臨時に課した。また、臣従国を鎮撫するためにウル王家は心をくだいた。ウル王家の王女を支配者あるいはその後継者に嫁がせるという「政略結婚」をおこなう一方で、従わぬ者どもには軍事的遠征を繰り返していた。

エンリル神が許した異国征伐

軍事遠征によって異国を征服することは、自国を防衛するために必要で、同時に神が定めた秩序を維持することになるとシュメル人は考えていた。

『シュルギ王讃歌F』によれば、理念上はウル市の「真の王」である都市神ナンナ神自らが「シュルギ王が異国を征服することを許可されますように」と、シュメルの最高神エンリル神が祀られているニップル市に嘆願に出向いたという。戦上手の王であっても、好戦的な王というイメージは好まないようで、なぜ戦争をするかの大義名分がほしかったこともあるようだ。

エンリルはナンナの嘆願を聞き入れ、「(シュルギが) 反抗する異国を征服するように、彼の都市に真実と正義がおこなわれるように」と許可した。エンリルから異国征伐の許可を得てナンナはウルに帰り、シュルギにこのことを喜んで伝えたのである。こうして、シュルギの異国征伐は「正義の戦」という理論武装がなされたのであった。

投石器を使うアッシリア兵
「ラキシュ攻城戦」

戦争は常に正義の旗の下に始まる。戦端が開かれれば、「私は我が本隊の前を進む」と『シュルギ王讃歌B』の中できっぱりいっていることから、シュルギ自身が先頭に立った。シュルギは槍を手に戦い、投石器を操作できたともいっている。投石器はアッシリアの壁画（ラキシュ攻城戦）に見られ、簡単な革のベルトに石を挟んで投げていることから、おそらくシュルギ王の時代も同じようなものであったにちがいない。

シュメルの「国道一号線」

◎治世七年a「ニップル街道を［整備した］年」
治世七年の別の年名も街道整備が前提になるような年名である。
◎治世七年b「王がウル市［から］（ニップル市へと往来した）年」
ウル市からシュメルの最高神エンリル神が祀られた聖都ニップルを結ぶ街道はいわばシュメルの「国道一号線」であった。前一五〇〇年頃のニップルを表す粘土板の地図（三六頁図参照）には、「ウル市に向かっている門」が刻まれていて、ここからの道がウルへ通じていた。

都市国家とちがって広い版図をもつ統一国家ともなれば、中央の命令が地方に速やかに伝えられるように、首都と地方を結ぶ基幹となる道路の整備が不可欠である。統一国家成立に街道の整備はつきもので、後代の歴史でも証明される。

「すべての道はローマに通ず」で知られる、ローマ帝国の街道はその好例である。ローマ帝国全域を網羅した、全域敷石舗装の八万キロメートルにもおよぶ幹線道路であった。本来は首都ローマから軍隊を動かすための街道だが、軍隊のみならず商人を含めた旅人も往来した。前四世紀末に建設を始めた、ローマ市から南方に伸びる「アッピア街道」は現在の土木工学から見ても理に適った道作りがなされ、「街道の女王」と讃えられた。ローマ・オリンピック（一九六〇年［昭和三五年］）のマラソン競技でエチオピアの「裸足の英雄」アベベがこの「アッピア街道」を走ってからもう六〇年以上経った。

中国では秦始皇帝が「同軌」、つまり轍（わだち）の幅を統一した「馳道（ちどう）」を全国に建設した。黒土や石灰岩で舗装された遺構の一部が近年発見された。ウル王家による街道整備はこうした例に先立つこと約一八〇〇年も昔のことになる。

世界初の「街道整備」

街道整備の事業はすでにシュルギ王の父ウルナンム王がおこなっている。『ウルナンム「法典」』「序文」や「年名」の中で触れている。「序文」では次のように記している。

その時［私（＝ウルナンム）は］ティグリス河の河岸で、ユーフラテス河の河岸で、すべての河の河岸で船舶の交通を［整備した］。［私は］使者たちの［ために安全な街道を保障した］。私は（街道沿いの）家を［建てた］。［私は］果樹を［植え］、王はそれらの監督のために園丁を置いた。

ウルナンム王　ウルナンム王の碑

バビロン市のイシュタル門と行列道路の想像図

ウルナンム王の「年名」はいくらかわかっている。だが、「ウルナンム（が）王（になった）年」は治世一年とわかるが、それ以降については何年のできごとかはわからない。こうした年名の中に「王ウルナンムが下から上まで道を整然と通した年」があり、息子シュルギに先立って街道を整備していたことがわかる。

沖積平野のバビロニアに石材はないので、ローマの街道のように石で長い街道を舗装することはしなかっただろう。例外は「行列道路」である。後代の新バビロニア王国第二代ネブカドネザル二世はバビロン市再建に尽力したが、マルドゥク神の行列道路は「山から切り出した石で舗装した」と王碑文に記している。石灰岩の敷石で、バビロン市内のマルドゥク神殿からイシュタル門を通って新年祭をおこなうアキトゥ神殿までを舗装した。

街道をいく

シュルギ王は『シュルギ王讃歌A』の中で「一日のうちに私はニップル市とウル市でエシュエシュ祭をおこなった」と健脚ぶりを誇っている。シュメルでも南方のウルと北方のニップルでは遠く離れ、直線距離にしても約一五〇キロメートルもある。現在、マラソン競技の勝者が四二・一九五キロメートルを二時間そこそこで走りきるが、一五〇キロメートルともなれば、常人ではとても一日で往復できるような距離ではない。シュルギは虚言を弄したことになってしまうが、王は体力もまた人並みはずれて優れていなければならなかった。

ウルからニップルへは、陸路だけでなく、水路でも赴くことができた。

◎治世八年「ニンリル女神の御座船を防水した年」

『シュルギ王讃歌R』でも「ニンリル女神の御座船」について詠(うた)っている。ニンリル女神については、第Ⅲ章の「エンリル神の嫁取り」で触れたが、ウル第三王朝時代には、ニップルにあったニンリルの聖所トゥンマルへ毎年巡礼がおこなわれた際に、エンリルとニンリルの神像を御座船に乗せて移動していた。

それでも、水上交通だけでなく、聖都ニップルへ陸上でも円滑に移動できるようになったのは、シュルギ王の領土経営にとって重要なことであった。

豊饒の風景　ジムリ・リム王の王宮壁画（マリ市）
中央は王権神授の場面。たわわに実るなつめやしの木、鳥などが彩色壁画に描かれている。周囲の渦巻き文様は「死と再生」を象徴するともいい、ミノア文明（クレタ島）との交流が推測される

『シュルギ王讃歌A』の中では次のようにも詠っている。

私は街道を突進していく誇り高いろば、
道にあっては尻尾をなびかせて（疾駆する）馬、
シャカン神の種ろば、走ることを（よくわきまえている）（ろば）である。
（中略）
私は足を動かし、国土の諸街道を行進した。
私はダンナを決め、「宿駅」を建て、
それのそばにはキリを設け、休憩場を設けた。

シュメル語のダンナ（あるいはダナ）は約一〇キロメートルにあたる距離をさす。徒歩で二時間の距離に相当したようで、「道程」が整備された。約一〇キロメートルごとに「宿

豊饒の風景　前2000年紀末から前1000年紀初め　象牙製器の装飾　高さ84センチメートル

花の香をかぐ女神　前18世紀　高さ13.5センチメートル

駅」が置かれ、その側にキリ（＝庭園）を設置して休息場を設けたので、上の地方（＝地中海方面）から来る者も、下の地方（＝ペルシア湾方面）から来る者もその涼しい木陰で憩うことができたといっている。

単に道路を整備するだけでなく、旅人の安全を保障し、かつ便宜を配慮していたのであろう。そこで、このシュルギが設けた「宿駅」は現在でもトルコやイランなどにその遺構が残っているキャラバン・サライ「隊商宿」の元祖だともいえる。

豊饒の場「キリ」

シュメル語の「キリ」は「庭園」「菜園」「果樹園」などの意味がある。

ニップル市を表す粘土板の地図にも「市内のキリ」と楔形文字で書かれた場所があり、ここはニップルの市民が憩える庭園であったかもしれない。

「キリ」は花が咲き、実を結ぶ「豊饒」の

イメージがあることから、「菜園」「果樹園」は神々の祭の場でもあった。とりわけ豊饒の女神でもあるイナンナ女神がかかわった。ウル第三王朝時代にウル市の暦では「大祭」の月、第一〇月に「キリ」においてイナンナ女神のために祭儀がおこなわれた。

『サルゴン王伝説』では園丁サルゴンをイナンナ女神が「キリ」で見初め、やがてサルゴンは女神の引き立てを得て、王へと出世する。

樹木の茂る場所は他人の目を遮り、昔も今も、恋人たちには絶好の「愛の空間」である。『シュルギ王讃歌Z』は「シュルギ王の恋歌」である。この中で、王は「妹」つまり恋人を盛んに「キリ」へいこうと次のように誘っている。

わが妹よ、私はそなたと私のキリへいきたい。
わが美しい妹よ、私はそなたと私のキリへいきたい。
わが妹よ。[……]私のキリ、イルダグの木[……]、
私はそなたと水路のそばのイルダグの木へいきたい。
わが妹よ、私はそなたと私のりんごの木へいきたい。

「キリ」にはイルダグの木やりんごの木のほかに、ざくろなどの木もあった。
野薔薇も咲いていたにちがいない。野薔薇は西アジアが原産地である。シュメル語で野薔

薇はゲシュティン・ギルで、「とげのあるぶどう」の意味である。野薔薇は乙女たちの髪を飾ったかもしれない。

花婿シュルギ王とイナンナ女神

シュメルの新年は春分正月であった。新年更新祭には「聖婚儀礼」がおこなわれた。「聖婚儀礼」は前一〇〇〇年紀の新アッシリア、新バビロニア時代には神像をもちいて「神々の婚礼」がおこなわれたが、ウル第三王朝やイシン第一王朝では神格化された人間の王と女神官との「聖婚儀礼」で、イナンナ女神とドゥムジ神の交合を象徴し、その年の豊饒を祈念した。

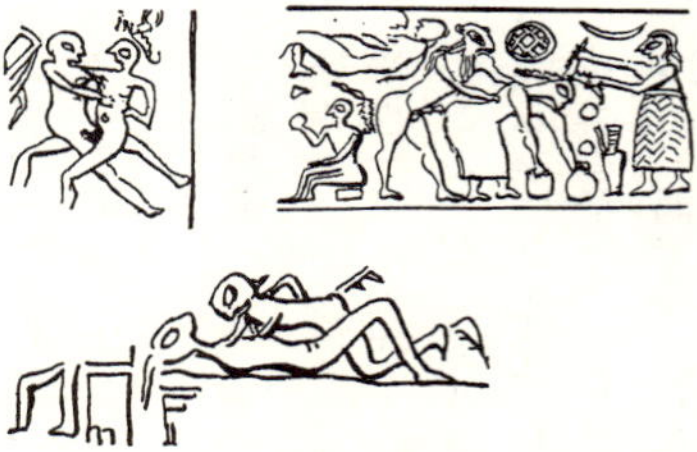

交合の儀式によって植物、動物、人間の豊饒と多産が祈念できると考えられていた。イナンナは豊饒の女神で、同時に戦の女神であったが、『シュルギ王讃歌X』では豊饒神よりも戦の女神の性格が見られる。

シュルギ王はウル市を船で出発し、イナンナ女神が祀られているウルク市に着くと、衣服を整えてエアンナの聖所にはいった。シュルギを見て、イナンナ女神が歌いかけ、その結果、「戦場では私はあなたの導き手、戦闘中には私は鎧冑(よろいかぶと)を

交合図　円筒印章印影図　ウル市出土
ジェムデト・ナスル期

運ぶ者の如くあなたの武器を運ぶ」と、シュルギは豊饒よりも、戦闘での勝利を約束されている。この『シュルギ王讃歌X』がイナンナ女神と人間の王との婚礼を記した初出になる。

氷室建造

◎治世一三年a　「王の氷室を建てた年」

治世一三年の年名は研究者たちが以前から興味をもち、議論を交わしている「年名」の一つである。シュメル語で「エ・ハルビ」つまり「家・霜」と書かれているが、「霜の家」とは「氷室」を指していたようだ。

シュルギ王よりも三〇〇年ほど後の前一八世紀頃に、マリ市を支配したジムリ・リム王のアッカド語で書かれた王碑文は次のように自慢している。

　ヤハド［ウン・リム］の子にして、マリ市、［トゥトゥル市］そして［ハナ］の国の王であるジムリ・リムが［ユーフラテス河］の土手に、以前に［いかなる王も建てたことのなかった］氷室の建設者［……］そして［ダガン神］の愛する［都市］テルカ市の、ユーフラテス河の土手に氷室を［建てさせた］。

ジムリ・リムは自分が「ビート・シュリピーム」（アッカド語で「氷室」の意味）を建て

た最初の王であると誇らしげに語っている。だが、前で話したように、マリ王家はウル王家と縁組みをしていて、当然シュルギの「氷室」についての情報は伝わっていたはずである。厚かましいことにジムリ・リムはまねたのである。ジムリ・リムの王宮からは洋風のバス・タブと和式（＝トルコ式）のトイレの跡は発見されているが、「氷室」の跡は発見されていない。

マリ王宮

ジムリ・リム王の王宮

和式のトイレ（左）とバス・タブ（右）

ジムリ・リムよりも約三〇〇年前にシュルギ王が建てた「氷室」は「年名」に採用できるような自慢の施設であったにちがいない。

シュルギ王の「氷室」は北方または東方の山岳地帯から雪や氷を運んできたり、あるいは雹やあられを集めて、地下の室にわらなどで包んで外気から遮断して保管し、飲み物を冷やすためなどに利用したようだ。冷蔵庫のない時代に夏の氷はぜいたくの極みである。

我が国にも「氷室」は昔からあった。江戸時代に加賀藩前田家は「氷室」を持っていて、旧暦六月一日になると氷を将軍家へ献上した。だが、すでに「氷室」は奈良時代にあった。長屋王の邸跡から出土した七一二年（和銅五年）の木簡には「氷室」の記述があったことから、一九八八年（昭和六三年）の発見当時、宮廷人たちの豪華な暮らしぶりがマスコミで取り上げられた。

さて、国家運営の難しい舵取りで気の休まることのない日々を送るシュルギ王にとって、夏は昼間五〇度にもなるというシュメルの地で冷たいものを口にできることは王者の特権で、王であることの喜びを満喫した一瞬であっただろう。

神になったシュルギ王

シュメルの「王昭君」

ウル第三王朝の第三地帯で、「いなごのように群れるが、生きている人のなかに加えられない」と見下していたエラムよりも遠方にあるマルハシやアンシャン市などに対し、シュルギ王は遠征をおこなう一方で、ウル王家の王女たちを嫁がせた。

蛮族に文明国の女性を嫁がせ、懐柔しようとする策は中国史にも見られる。大軍を動かせば大金がいるし、大勢の兵が死ぬ可能性がある。それならば人質兼間者（かんじゃ）として女性を送りこんだ方が得策ということになる。もちろん、女性の人権とか意志を尊重しようといった考えはまったくない。ことに有名なのは「王昭君の悲劇」である。匈奴に手を焼いた漢王朝（前二〇二―後八年）は前三三年に宮女の中から王昭君を嫁がせ、友好の証とした。

シュルギ王だけでなく、第四代シュ・シン王や第五代イッビ・シン王の娘たちもこうした結婚を強いられた。父王の国家経営に貢献すべく、孝行娘たちは健気にも人質をかねて嫁いでいった。

シュルギ王が娘たちに強いた「政略結婚」は次のような年名になっている。

◎治世一八年　「王の娘リウィル・ミタシュがマルハシのニン（＝后妃）の位についた年」

シュルギの娘の一人がウル市からはるか東方にあたるイラン高原のマルハシの国へ輿入れした。治世一八年のほかにも、次のような年名がある。

◎治世三〇年　「王の娘がアンシャン市のエンシ（＝王）に嫁いだ年」

シュルギはまたしても別の娘を嫁がせた。ところが、シュルギは四年後には娘の嫁ぎ先を滅ぼすという非情な行動に出た。

◎治世三四年「アンシャン市を征服した年」

父王の攻撃による落城に際して、シュルギの娘はどうなったのだろうか。覚悟して嫁いだと思うが、逃れたのだろうか、死んだのだろうか。いずれにしてもシュルギの娘たちは幸多い生涯をおくれたとは思えない。王の娘に生まれたばかりに、あわれなことである。

改革断行

◎治世二〇年a「ウル市の市民が槍で武装した年」

治世二〇年に常備軍が設けられたようである。中央集権体制を維持するには官僚制と常備軍が車の両輪として機能しないと維持が難しい。

外敵に対しては、年若い王であっても国内をまとめて一致団結してあたることができる。だが、内政となると、老獪（ろうかい）な臣下に牛耳られることは充分にありえ、かなりの政治力を持たないとその舵取りは難しいといえる。若くして即位したシュルギ王も二〇年も王位にあれば、中年となってそれなりの貫禄を身につけただろう。つまり、二〇年も王であり続けられたということは、シュルギは有能にして政治力があったということである。

常備軍設置のほかにも王の神格化、神殿組織の再編成、貢納された家畜の再分配、度量衡の再整備、新しい暦の導入などのさまざまな改革に着手した。中央や地方の行政機構が整えられたようで、各地の文書の形式、用語もほぼ統一された。ウル第三王朝の政治、経済体制を特徴づける諸要素はこの時期に出来上がった。

◎治世二一年a「エンリル神のエンシガル神官（である）ニヌルタ神がエンリル神とニンリル女神の神殿で神託を下し、（そして）ウル市の王シュルギ神がエンリル神とニンリル女神の神殿の土地と会計を整えた年」

シュルギは二〇年代から少なくともラガシュやウンマで大規模な検地を定期的に実施している。検地は灌漑農耕社会の為政者がおこなうべき基本的な仕事である。

ウル第三王朝では役人による経済支配は厳密で、すべて細部に至るまで記録を残し、月ごとあるいは年ごとに報告した。

◎治世二一年のもう一つの年名は「［デ］ール市を征服した［年］」で、治世二〇年に常備軍を設け、その後におこなわれた遠征での成果である。デール市（現代名テル・アルカ）にはウルから王族将軍が派遣された。ここはティグリス河東岸に位置し、メソポタミアとスサ市をつなぐ要衝であった。治世二〇年の年名では常備軍は「槍で武装した」といっているが、デールを攻める際には弓矢も使ったようだ。

現人神にして「四方世界の王」

◎治世二三年「王シュルギ神―エンリル神が至高の力を授与した［……］年」

遂にシュルギは存命中に神格化され、現人神（あらひとがみ）になった。神格化は名前の前に神を表す限定詞をつけて表した。エジプトの「神王」（ゴッド・キング）とちがって、メソポタミアの王は「祭司王」（プリースト・キング）といわれ、神々を祀ることが王の務めで、神格化の例は少ない。しかも、神格化されても、エジプトの王のように最高神と合一されるようなことはなかった。神格化された王の立場はちょうど「個人神」と同じで、大神と人間との間を執り成すような位置づけであった。

さらに、シュルギに続くアマル・シン、シュ・シンそしてイッビ・シン三王も同じように神格化され、こうした伝統はイシン第一王朝まで続いた。

なお、シュルギはアッカド王朝のナラム・シン王と同様に「四方世界の王」の称号を治世後半に採用したが、「年名」では治世四五年にこの称号が初めて書かれた。「四方世界の王」とは、地上世界、いいかえれば人間世界をあまねく支配する王の称号で、この称号を名乗る王は理念上では神々の世界の末端に位置づけられ、現実には軍事的拡大に打って出たのである。

王の称号

シュメル語の支配者の称号にはエン、エンシそしてルガルの三つあり、初期王朝時代には各称号が示す権力に大きなちがいがないことは第I章で話した。三つのうち、ルガルは本来「大きい人」の意味で、「王」と和訳されている。「王」を称せばそれで充分な気がするが、権力者はそうではないらしい。厄介なことに、「王」にさらなる権威付けが必要であった。以下に、ざっと整理してみよう。

ウンマ市の王たちは「ウンマ市の王」というよりも、ほかのどこの都市でも使われなかった「すべての王」の称号を使うことで、一都市国家ウンマの王だけでは終わらないとの気概を示したようだ。

ラガシュ市のエアンナトゥム王は「キシュ市の王」と号したが、エアンナトゥムだけでなく、ウル市のメスアンネパダ王、ウルク市のルガルキニシェドゥドゥ王らも「キシュ市の王」の称号を使っていた。都市国家の分立時代にシュメル諸都市の征服に力点を置くものではなく、北方のキシュ市まで支配したと宣言することで、覇者たらんとする王が好んだ称号である。

初期王朝時代も終わり頃になると、シュメル統一への動きが明確となり、ウルク市のエンシャクシュアンナ王は「国土の王」つまり「シュメル全土の王」と名乗り、ラガシュ市を征服したルガルザゲシ王もこの称号を使っている。

統一国家アッカド王朝のナラム・シン王は地中海岸からペルシア湾頭まで軍事遠征を

おこなって、「四方世界の王」を称する。この称号の意味するところは、人間世界すべてを支配する王と豪語したことで、必然的に神々の世界に連なる道を開くこととなり、自らを神格化した。このナラム・シン王にならって、ウル第三王朝のシュルギ王は「四方世界の王」を称し、自らを神格化したのであった。

「シュルギ神の祭の月」

神となったシュルギ神の神殿が支配下の諸都市に建立された。ラガシュ市ではシュルギ神の神殿がいくつも建立されたが、ラガシュの人々によっては喜ばしいことではなかったはずである。本章扉で紹介したシュルギ王像もラガシュのギルス地区から発見されている。後代になるとラガシュの都市神ニンギルス神とその配偶神バウ女神の神殿にも「神」シュ・シン王の像が祀られ、豊饒を祈願する祭礼では、「神」シュルギ王の像が臨席した。

ウル第三王朝は暦の統一はできず、都市ごとに月名がちがっていたが、それでも「シュルギ神の祭の月」は恭順の意を示すために多くの都市で採用せざるをえなかった。ウル市では第七月、ウンマ市では第一〇月そしてラガシュ市では第七月が「シュルギ神の祭の月」であった。

後代になると「アマル・シン神の祭の月」「シュ・シン神の祭の月」も加わる。ウル市の王は即位すると同時に自らの名を暦の月名に加えていったのである。

ウル第三王朝から約二〇〇〇年後のローマではユリウス・カエサル Julius Caesar（前一〇〇―前四四年）や初代皇帝アウグストゥス Augustus（前六三―後一四年）が「ユリウス暦」にその名前をいれたが、これは現代の暦にまで残っている。七月（英語で July ジュライ）はユリウスに、八月（August オーガスト）はアクグストゥスに由来した月名である。

時代や地域がちがっても、時間までも支配しようとする権力者の発想は同じようである。

戦いに明け暮れた後半生

繰り返す遠征

シュルギ王は軍事的拡大に打って出た。
◎治世二四年「カラハルを征服した年」
◎治世二五年「シムルムを征服した年」
◎治世二六年「シムルムを二度目に征服した年」
◎治世二七年「ハルシを征服した年」
カラハル、シムルム、ハルシはフリ（あるいはフルリ）人が多く住んでいた地方の国々で

ヌジ式土器　フリ人が多く住んでいたヌジ市（現代名ヨルガン・テペ）から出土

ヌジ市出土彩色壁画

ある。

　フリ人は前二〇〇〇年紀に北部メソポタミア、シリアおよびアナトリアで活躍し、その一派は北部メソポタミアにミタンニ王国（前一六―前一三世紀頃）を建国した。ミタンニは前一四世紀前半の「アマルナ時代」に、第一八王朝エジプトとの外交政策を機軸にオリエント世界の列強として歴史に名を残すことになる。フリ語の人名はすでにアッカド王朝時代に見られた。

「年名」では「何某を征服した」つまり「我が軍大勝」の連続であるが、これはまさに第二次世界大戦時の我が国の「大本営発表」で、実際にはシュルギ王の軍勢はかなり手こずり、負け戦もあったにちがいない。だから、手ごわい国々にシュルギは何度でも遠征を繰り返さざるをえなかった。

　シュルギ治世二四―二七年に「第一次フリ戦争」がおこり、続いて治世三一―三三年が「第二次フリ戦争」、そして治世四二―四八年にも「第三次フリ戦争」が続いたとも考えられている。

手ごわい敵国シムルム

一連の戦いの中でも、治世三二年つまり「シムルムを三度目に征服した年」の戦いは特筆すべき戦いだった。古バビロニア時代の「占卜文書」にも伝えられている。小ザブ河流域あたりにあったシムルムとはすでに二度戦っていて、「征服した」とシュルギは「年名」で公言していたが、三度目の戦いに臨まざるをえなかった。そしてこの年の戦いにシュルギは勝ち、敵の大将タプパ（ン）・ダラフを捕虜にしたようで、この鮮やかな勝利が人々の記憶に残ったにちがいない。

だが、シムルムの抵抗は収まらなかった。頑強にウルの支配を受けつけず、シュルギは治世四四年になんと九度目、そして翌年にも遠征し、さらにシュルギ王よりも二代後の第四代シュ・シン王治世三年にも遠征している。

「寝ずに作業せよ」

◎治世三七年　「国土の城壁を建てた年」

ウル第三王朝はその最盛期にすでに滅亡の予兆があった。マルトゥ人つまりアムル人の侵入が勢いを増し、ユーフラテス河からティグリス河へと防御のための城壁を築いて侵入を阻止しなければならなかった。城壁は「バド・イギフルサグ」（「山岳に面した城壁」の意味）と名づけられ、現在のイラクの首都バグダード北方八〇キロメートルのあたりである。

学校の教材用写本の中に、この城壁補強のために労働者を送るようにプズル・シュルギ将軍がシュルギ王に宛てた次のような手紙がある。

踊る熊　竪琴前面のパネル象嵌細工（部分）　ウル王墓出土

敵は戦闘のための戦力を準備したが、私の戦力は（敵を撃退するために）充分ではありません。私は防御を増すために城壁を強化できません。［……］敵は戦闘のための軍勢を整え、敵の軍勢は山に駐屯しています。我が王が同意くださるならば、私に大急ぎで籠を運ぶ七二〇〇人の労働者を送ってください。

この手紙へのシュルギの返書（写本）も現存している。

城壁は一ヵ月以内に完成すべきである。（略）ティドナム（＝マルトゥ人）は山から下りて来た。それゆえ私は汝にジムダル地域のエンシ（である）ルナンナを彼の軍団とともに送っている。（略）ルナンナは彼の軍勢とともに汝の元へ進軍している。汝とアラドムは怠るべきではない。［……］作業は日夜進められるべきである。汝ら両人とも昼も夜も眠るべきではないことを知るべきである。至急である。

プズル・シュルギは将軍でありながら、マルトゥの動きに狼狽し、城壁補修のために軍団を送ってほしいなどと泣きついて来た。これに対してシュルギはさすがに毅然として、軍団を送ったから一ヵ月以内に城壁補修を完成せよ、寝ずに作業をせよと、叱咤命令している。

①　②　③

熊azの文字
①古拙文字
②前2400年頃の楔形文字
③前1000年紀の楔形文字

熊もいた家畜収容施設

◎治世三九年　「プズリシュ・ダガンの神殿を建てた年」

ウル第三王朝時代には北部メソポタミア、ディヤラ河地方そしてイラン高原など、シュメル・アッカドの周辺諸国からは大量の家畜が定期的に送られてくるようになった。

ニップル市付近に神殿を建立するとともに、これらの家畜を一時的に収容し、登録するために大きな施設をプズリシュ・ダガン（現代名ドレヘム）にシュルギ王の治世三九年に建設された。山羊や羊そして牛などが一年間に六万〜八万頭も扱われていた。

プズリシュ・ダガンからは数万枚の粘土板文書が出土した。一頭の羊の死亡や受領の記録、数頭の仔羊が生まれたことなどを記録した小さな粘土板が大量に発見され、同時に一年の仕事をまとめて収支の均衡を明確にするために書かれた大きな粘土板も発見されている。こうした文書から、事務能力に長けた官僚組織があったことが明らかになる。

ところで、家畜の中に熊や仔熊も含まれている。デールに派遣された王族将軍などが熊を連れ帰った。熊は道化師に引き渡されていることから芸を仕込まれたと考えられる。

后妃の殉死

シュルギ王は王としての務めをよく果たし、治世四八年第一一月二日に死んだという記録が残っている。王の死後、王が愛用していた玉座が聖なるものとなった。シュルギの玉座には、彼の死の直後から奉納物が献上された。王は死後も厚く祀られ、死者となった王を祀るキアナグ（＝灌奠所（かんてんじょ）、一七六頁参照）が設けられて祭祀が滞りなくおこなわれた。

后妃たちのうち、シュルギ・シムティはシュルギ王治世四八年第一〇月二八日まで、そしてゲメニンリルラは同年第九月二三日までは間違いなく生存していたが、二人ともアマル・シン王治世一年第三月二八日には故人となった。つまり、むごいことだが、少なくとも二人の后妃はシュルギの死にともなって殉死させられたようである。

星になったシュルギ王

「シュルギ神が天に昇った」と書いた文書はシュルギの死を婉曲に表現したもののようだ。だが、古バビロニア時代の文書にはムル・シュルギ（シュメル語で「シュルギ神の星」の意味）が見えることから、実際にシュルギは星に高められていた。

統一国家ウル第三王朝の王として、官僚組織と常備軍を駆使し、シュメル・アッカドのみならず周辺の国々をも支配下に置いたシュルギ王は「四方世界」の中心だった。四八年も王位に君臨し、神を称したシュルギであったが、翻ってその一生を振り返った時に、楽しい人生であっただろうか。『史記』「秦始皇本紀」には「始皇楽しまず」とある。シュルギもまた楽しめたとは思えない。王であることは孤独と不安とが連れ合いのような生涯を送るということで、心休まることは少なかったにちがいない。

シュルギ王の陵墓

アマル・シン王の陵墓

　シュルギ王の死後に息子アマル・シンが第三代の王位を継ぐ。有能にして長期政権であった父王に比較される後継者アマル・シンは気の毒だった。後代の文書ではアマル・シンは無能で、神々も庇護を与えないと語られている。兄弟（息子説もある）シュ・シンとの権力闘争が深刻になってしまい、アマル・シンの治世六年にはシュ・シンが王を名乗っている。

周辺の状況もシュルギ王の時代とは大きく変化していた。シュルギ王の孫（あるいはひ孫）にあたる第五代イッビ・シン王の時代には、西方からマルトゥ人が侵入し、さらにはイシュビ・エラ将軍が王に叛旗を翻してしまう。東方からエラムに侵入され、ついに前二〇〇四年に、イッビ・シンはエラムに連行され、ウル第三王朝は滅亡する。

星になったシュルギ王は天から自分の国の惨めな有り様をどんな思いで見ていたのであろうか。

主要参考文献

著者名五十音順　洋書は省略

アブドゥール・アル・ファーディ著、杉勇訳「シュメールの学校教育」『オリエント』第18巻第2号（1976年）。

ウァイツマン、M・他著、矢島文夫監訳『エブラの発掘』山本書店、1983年。

ウォーカー、C・B・F・著、大城光正訳『楔形文字』（大英博物館双書　失われた文字を読む1）学芸書林、1995年。

ウーリー、L・他著、森岡妙子訳『カルデア人のウル』みすず書房、1986年。

大江節子「ウル第三王朝時代の婚姻について」『ラーフィダーン』第Ⅶ巻（1986年）。

大江節子「ウル第三王朝時代の相続について—ラガシュを中心に」『西南アジア研究』第28号（1988年）。

大貫良夫他著『人類の起原と古代オリエント』（世界の歴史1）中央公論社、1998年。

大類伸監修、林健太郎他編『古代オリエントの興亡』（世界の戦史1）人物往来社、1965年。

小野山節「Mesopotamia における帝王陵の成立」『西南アジア研究』第8号（1962年）。

小野山節「Ur『王墓』の被葬者は王か、聖なる結婚の主演者か」『西南アジア研究』第10号（1963年）。

小野山節「ウル0－I王朝5代の王墓と王妃墓」『西南アジア研究』第56号（2002年）。

亀井孝他編著『言語学大辞典』第2巻、三省堂、1989年。

木村重信他監修・著『美の誕生—先史・古代Ⅰ』（名画への旅　第1巻）講談社、1994年。

クレマー、N・著、佐藤輝夫・植田重雄訳『歴史はスメールに始まる』新潮社、1959年。

クレーマー、S・N・著、久我行子訳『シュメールの世界に生きて—ある学者の自叙伝』岩波書店、1989年。

クレーマー、S・N・著、小川英雄・森雅子訳『聖婚—古代シュメールの信仰・神話・儀礼』新地書房、1989年。

クレンゲル、H・著、江上波夫・五味亨訳『古代オリエント商人の世界』山川出版社、1983年。

クレンゲル、H・著、五味亨訳『古代シリアの歴史と文化—東西文化のかけ橋』六興出版、1991年。

小林登志子「エアンナトゥム、Galet A に見られる LUM-ma について」『オリエント』第23巻第2号（1980年）。

小林登志子「[d]lugal-é-muš 雑纂」『オリエント』第24巻第2号（1981年）。

小林登志子「Entemena 像への供物の意味」『オリエント』第26巻第1号（1983年）。

小林登志子「エンエンタルジの ki-a-nag」『オリエント』第28巻第1号（1985年）。

小林登志子「エナンナトゥム一世の銘文が刻まれた釘人形に関する一考察」『日本オリエント学会創立三十五周年記念 オリエント学論集』刀水書房、1990年。

小林登志子「グデアの『個人の守護神』ニンアズ—ラガシュ王碑文に見られる支配者達の守護神像の継続性について」『木崎良平先生古稀記念論文集・世界史説苑』木崎良平先生古稀記念論文集編集委員会、1994年。

小林登志子「『グデアの碑』について2『杖を持つ神』」『古代オリエント博物館紀要』第23号（2003年）。

小林登志子「『グデアの碑』について1『椅子に座った大神』」『三笠宮殿下米寿記念論集』刀水書

房、２００４年。

小林登志子著『シュメル―人類最古の文明』（中公新書）中央公論新社、２００５年。

五味亨「シュメール都市国家像再構成の試み―Lagaš 都市国家を中心に」『史潮』１０３号（１９６８年）。

コロン、D・著、久我行子訳『円筒印章―古代西アジアの生活と文明』東京美術、１９９６年。

島田虔次他編『アジア歴史研究入門４―内陸アジア・西アジア』同朋舎出版、１９８４年。

ショー、I・他著、内田杉彦訳『大英博物館―古代エジプト百科事典』原書房、１９９７年。

杉勇他編・訳『古代オリエント集』（筑摩世界文学大系1）筑摩書房、１９７８年。

月本昭男訳『ギルガメシュ叙事詩』岩波書店、１９９６年。

月本昭男「呪と医と信」脇本平也・柳川啓一編『現代宗教学』第3巻、東京大学出版会、１９９２年。

中田一郎訳『ハンムラビ「法典」』（古代オリエント資料集成1）リトン、１９９９年。

中原与茂九郎「シュメールの宗教的政治思想の一面―エンリル神およびニップールとシュメール王権との特殊関係」『立命館文学』第２４６号（１９６５年）。

中原与茂九郎「UET II　371 文書の解読とその解釈―軍事的集団労働組織：治水と王権の起源」『西南アジア研究』第14号（１９６５年）。

日本オリエント学会監修『メソポタミアの世界』上（古代オリエント史）、日本放送協会学園、昭和63年。

日本オリエント学会編『古代オリエント事典』岩波書店、２００４年。

パロ、A・他著、青柳瑞穂・小野山節訳『シュメール』（人類の美術）新潮社、１９６５年。

パロ、A・著、小野山節・中山公男訳『アッシリア』（人類の美術）新潮社、１９６５年。

ビエンコウスキ、P・他編著、池田裕・山田重郎翻訳監修『大英博物館版・図説―古代オリエント事典』東洋書林、２００４年。

ビビー、G・著、矢島文夫・二見史郎訳『未知の古代文明ディルムン―アラビア湾にエデンの園を求めて』平凡社、１９７５年。

フィネガン、J・著、三笠宮崇仁訳『考古学から見た古代オリエント史』岩波書店、１９８３年。

フォーブス、R・J・著、平田寛他監訳『古代の技術史』上、中、朝倉書店、２００３年、２００４年。

フランクフォート、H・他著、山室静他訳『哲学以前―古代オリエントの神話と思想』社会思想社、１９７１年。

藤井純夫「ギルス出土『禿鷲の碑』の図像解釈―初期王朝時代後半における密集方陣の編成について」辻成史編『美術史における「アルケオロジー」の諸相』（平成九－一〇年度科学研究費補助金〈基盤研究B⑵〉研究成果報告書）（１９９９年）。

ヘロドトス著、松平千秋訳『歴史』上（岩波文庫）岩波書店、１９７１年。

ボテロ、J・著、松島英子訳『最古の料理』（りぶらりあ選書）法政大学出版局、２００３年。

前川和也「ウル第三王朝時代におけるラガシュ都市―エンシと諸神殿組織」『西南アジア研究』第16号（１９６６年）。

前川和也「エンエンタルジ・ルーガルアンダ・ウルカギナ―初期王朝末期ラガシュ都市国家の研究・序説―」『人文学報』36（１９７３年）。

前川和也「シュメール・ウル第三王朝ギルスの知事と『神殿』上位官職者の『家』」『家族・世帯・家門―工業化以前の世界から』（京都大学人文科学研究所報告）ミネルヴァ書房、１９９３年。

前川和也「古代シュメールの社会編成―ギルス＝ラガシュ都市を中心に」『ステイタスと職業―社会

はどのように編成されていたか』（京都大学人文科学研究所報告）ミネルヴァ書房、1997年。

前川和也「初期メソポタミアの手紙と行政命令文」『コミュニケーションの社会史』（京都大学人文科学研究所報告）ミネルヴァ書房、2001年。

前川和也「シュメール都市国家時代の密集隊と武器――『禿鷹の碑』と粘土板記録」『オリエント』第46巻第2号（2003年）。

前田徹「シュメール都市国家ラガシュとウルの対立抗争」『史観』107冊（1982年）。

前田徹「ウル第三王朝時代の Gú-na ma-da」『オリエント』第33巻第1号（1990年）。

前田徹著『都市国家の誕生』（世界史リブレット1）山川出版社、1996年。

前田徹「ウル第三王朝時代ウンマにおける舟の運行と管理」『オリエント』第42巻第2号（1999年）。

前田徹「シュメール人の思考の一断面」『早稲田大学大学院文学研究科紀要』第46輯第4分冊（2001年）。

前田徹著『メソポタミアの王・神・世界観――シュメール人の王権観』山川出版社、2003年。

前田徹「シュメール語文字史料から見た動物」『西アジア考古学』第4号（2003年）。

松島英子著『メソポタミアの神像――偶像と神殿祭儀』（角川叢書17）角川書店、平成13年。

三笠宮崇仁編『古代オリエントの生活』（生活の世界歴史1）（河出文庫）河出書房新社、1991年。

三笠宮崇仁監修、岡田明子・小林登志子著『古代メソポタミアの神々――世界最古の「王と神の饗宴」』集英社、2000年。

三笠宮崇仁著『文明のあけぼの――古代オリエントの世界』集英社、2002年。

屋形禎亮編『古代オリエント――西洋史（1）』（有斐閣新書）有斐閣、1980年。

矢島文夫訳『ギルガメシュ叙事詩』(ちくま学芸文庫) 筑摩書房、1998年。

山本茂「ラガシュ王国の軍事・労働組織に関する文書の背景の研究 (1)」『西南アジア研究』第15号 (1965年)。

山本茂「シュメール都市国家ラガシュ最末期の支配者ルガルアンダ治世のエ・ミ文書に表われた問題現象について」『史林』第88巻5号 (2005年)。

吉川守『Neo-Babylonian Grammatical Texts に於ける文法術語 *Šusburtum* と *Riātum* の研究』(広島大学文学部紀要特輯号3) 1974年。

吉川守、NHK取材班責任編集『メソポタミア・文明の誕生』(NHK大英博物館1) 日本放送出版協会、1990年。

吉川守「シュメール史料に見る食文化—パンを中心に」大津忠彦・藤本真由美編『古代中近東の食の歴史をめぐって』中近東文化センター、1994年。

あとがき

読者には五〇〇〇年前のシュメル人たちの世界を楽しんでもらえただろうか。シュメル社会で読者の友人、知人、いや読者自身とそっくりの人に会えただろうか。

特異な文明社会を形成したエジプトとちがって、多民族共存型の普遍的な文明社会をシュメル人が作った時に、その後の文明社会で起きるであろうことは起きてしまっていた。戦争、災害、教育問題などはすべてシュメル人が最初に経験し、特筆すべきはそのことを書きとめておいてくれたことで、だからこそ二一世紀の日本人読者に紹介できるのである。シュメル人が歴史の始まりにいたことは喜ぶべきことであって、後代の人間はシュメル人に大いに学ぶことができる。

本書執筆に関しては以下の方々におせわになった。厚く御礼を申し上げる。
三笠宮崇仁様から貴重な史料をいただいた。
怠惰な筆者に本の執筆をお勧め下さった中田易直先生、格別のご支援とご教示を下さった岡田明子先生、論文および地図の使用をご快諾下さった前田徹先生。そしてシュメル学、アッシリア学の諸先生から頂戴した論文の抜刷などを利用させていただいた。

佐々木純子先生、村治笙子先生、岩下恒夫さん、上野重喜さん、奥泉千恵子さん、折原昌司さん、亀山千栄子さん、長谷川蹇さんにご支援いただいた。

ＮＨＫ学園新宿オープンスクール、ＮＨＫ文化センター青山教室、多摩カレッジ、獨協大学オープンカレッジ、古代オリエント博物館自由学校、栃木県オリエント協会オリエントセミナー、中近東文化センター三笠宮記念図書館主催語る会などで話したことをまとめたのが本書で、話す機会を与えて下さった関係者の方々と多くの受講者に感謝している。

「庶民のありふれた話を読みやすく（リーダブル）」と執筆をお誘い下さり、朗らかに叱咤激励して下さった庄司一郎さんがいなければ、本書はなく、感謝あるのみである。

筆者は二〇〇五年秋に『シュメル　人類最古の文明』（中公新書）を出版し、父に見せることはできた。間もなく父は入院し、肺炎を起こしたが、意識が明晰であった。本書の執筆が決まったことを話すと喜んでいた。自分の逝く日を口にした父はなにごとも家族で相談して決めるように言い、母への感謝の言葉と会葬者への御礼を筆者に口述させ、予告した日に逝った。人間の終わり方の一つの作法を不肖の娘に教えていってくれたように思う。

二〇〇七年一月二五日

学術文庫版あとがき「シュメル人とはなにものか」

シュメル人とはなにものかをつけ加えて、文庫版あとがきとする。

古代メソポタミア史のなかでも、最古のシュメル史について紹介したいとかねてから考えていた。ようやく二〇〇五年に『シュメル　人類最古の文明』（中公新書）を出版できた。間もなく新潮選書への執筆のお誘いをいただき、二〇〇七年に『五〇〇〇年前の日常　シュメル人たちの物語』を出版した。

『シュメル』では歴史の流れや社会の仕組みなどを書いたが、『五〇〇〇年前の日常』では何人かのシュメル人を中心にして書いている。これがこの文庫の底本である。

鉱物資源などに恵まれたエジプトとちがい、メソポタミア最南部のシュメル地方は泥（粘土）しかないのである。泥を最大限利用したのが、シュメル人である。だが、シュメル人は豊かな泥に依存することなく、自助努力によって農業技術を高め、収穫をふやした。しかも、このことを『農夫の暦』と呼ばれるシュメル語文学作品にまとめている。シュメル人はシュメル語楔形文字で、自らの行為を説明した最初の人である。

シュメル王は雄弁に語りかける

本書では王の像を何体か挿図として紹介しているが、完全な像は少ない。こうした像は神殿のご本尊付近に置かれ、王に代わって祈る像なので、「祈願者像」あるいは「礼拝者像」と呼ばれている。敵が来襲すると、像は壊された。頭部が落とされる、あるいは鼻が欠かれた。これが完全な像が少ない理由である。一方で、ご本尊の神像は壊されずに、たとえばバビロンが陥落すると、最高神マルドゥク神像は捕虜として持ち去られたのである。

王の像には、誰の像か、どこの神殿に納められたかなどが刻まれた。王の像は雄弁なのである。頭部のないグデア王像でも、像に刻まれた碑文が王が生きた時代を語ってくれる。

シュメル人はやられても、やりかえさない

西アジアといえば、「やられたら、やりかえせ」を繰り返す、剣呑な土地と思われているが、古代メソポタミア世界でも、ことにシュメル人の世界はちがっていた。

シュメル語で書かれた『ウルナンム「法典」』では、傷害罪は賠償で、現代社会と基本的に同じ考えになる。『ハンムラビ「法典」』に見られる「やられたら、やりかえせ」(同害復讐法)は遊牧社会の掟に由来するといわれ、大規模な灌漑農耕社会のシュメルにはふさわしい考え方ではない。シュメル人が現代の西アジア世界を見たら、どう思うだろうか。

シュメル人はメモを捨てない

シュメル人の識字率はわからないものの、近隣のどこよりも高かったであろう。役人、つまり書記になるための学校があった。学校やエブラの文書庫の図を見ていただこう。教室には屑籠のようなものが置かれている。これはメモを書いた小さな粘土板をいれる籠である。文書庫の下の方にもある。たとえば役人が出先でメモをしてくる。役所へ戻ってから、大きな粘土板に清書する。このとき、メモは捨てないのである。とっておく。だから、清書した大きな粘土板が破損していても、メモから破損箇所を補い、記録を復元することが可能になることもある。

日本の公的機関ではたびたび記録が捨てられ、近年、問題になっている。記録は未来の人への伝言の意味がある。失われた記録は復元できない。シュメルに始まるメソポタミア文明ではほかのどこよりも粘土板の記録を残している。この姿勢を見習ってほしいものである。

シュメル人はどこへいったのか

前二〇〇四年頃にエラムの侵攻で、ウル第三王朝は滅亡する。すぐにシュメル人自身がエラムによって滅ぼされたことを『ウルの滅亡哀歌』などの文学作品にした。古代社会において、だれに滅ぼされたかを記した例は少ない。

シュメル人は全滅したのではない。圧倒的なセム語文化に埋没していった。シュメル語は日常語としては死語になっても、学校では教えられつづけていた。

『五〇〇〇年前の日常』は雑誌、新聞で紹介していただき、韓国で翻訳されたが、絶版になった。二〇二四年春、講談社の原田美和子さんから、文庫化のお話をいただいた。原田さんのご熱意、ご尽力のおかげで、最低限の修正だけで、出版することができた。

二〇年前には子供だった若者たちに読んでもらいたい。もちろん大人だった人もである。シュメル人こそ普遍的文明社会をつくった最初の人であることをぜひ知ってほしい。

牝馬レガレイラが有馬記念に勝った年（二〇二四年）

著　者

Huot, J.-L., *Les sumériens: entre le Tigre et l'Euphrate*, Paris, 1989.

Johansen, F., *Statues of Gudea: Ancient and Modern*, Copenhagen, 1978.

Lloyd, S., *The Archaeology of Mesopotamia: From the Old Stone Age to the Persian Conquest*, London, 1978.

Kang, S. T., *Sumerian Economic Texts from Umma Archive*, Urbana + Chicago + London, 1973.

Kramer, S. N., *The Sumerians: Their History, Culture, and Character*, Chicago, 1963.

Parrot, A., *Tello: vingt campagnes de fouilles (1877-1933)*, Paris, 1948.

Postgate, J. N., *Early Mesopotamia: Society and Economy at the Dawn of History*, London & New York, 1992.

Pritchard, J. B., *The Ancient Near East in Pictures: Relating to the Old Testament*, Princeton, 1969[2].

Rashid, S. A., *Gründungsfiguren im Iraq*, München, 1983.

Suter, C. E.,"A Shulgi Statuette from Tello," *Journal of Cuneiform Studies* Vol.43-45 (1991-'93).

Suter, C. E., *Gudea's Temple Building: The Representation of an Early Mesopotamian Ruler in Text and Image*, Groningen, 2000.

Zettler, R. L. & Horne, L. (eds.), *Treasures from the Royal Tombs of Ur*, Philadelphia, 1998.

写真提供　岩下恒夫　岡田明子

主要図版引用文献

Allotte de la Füye, F.-M., *Documents présargoniques*, Paris, 1908-1920.

Amiet, P., *L'Art d'Agadé au Musée du Louvre*, Paris, 1976.

Amiet, P., *La Glyptique mésopotamienne archaïque*, Paris, 1980[2].

Bibby, G., *Looking for Dilmun*, New York, 1970.

Black, J. & Green, A., *Gods, Demons and Symbols of Ancient Mesopotamia: An Illustrated Dictionary*, London, 1992.

Boehmer, R. M., *Die Entwicklung der Glyptik während der Akkad-Zeit*, Berlin, 1965.

Boese, J., *Altmesopotamische Weihplatten: Eine sumerische Denkmalsgattung des 3. Jt. v. Chr.*, Berlin, 1971.

Braun-Holzinger, E. A., *Frühdynastische Beterstatuetten*, Berlin, 1977.

Caubet, A. & Pouyssegur, P., *The Ancient Near East: The Origins of Civilization*, Paris, 1997.

Chiera, E., *They Wrote on Clay: The Babylonian Tablets Speak Today*, Chicago, 1938.

Collon, D., *First Impressions: Cylinder Seals in the Ancient Near East*, London, 1987.

Cooper, J. S., *Reconstructing History from Ancient Inscriptions: The Lagash-Umma Border Conflict*, Malibu, 1983.

Crawford, V. E., "Inscriptions from Lagash, Season Four, 1975-76," *Journal of Cuneiform Studies* Vol. 29 (1977).

Delougaz, P. & Jacobsen, T., *The Temple Oval at Khafājah*, Chicago, 1940.

Finkel, I. L. & Geller, M. J., *Sumerian Gods and their Representations*, Groningen, 1997.

Forbes, R. J., *Studies in Ancient Technology*, Vol. II, Leiden, 1965[2].

ヤ

ラ

ワ

ハ

マ

タ

ナ

サ

カ

索　引

ア

本書は『五〇〇〇年前の日常　シュメル人たちの物語』（二〇〇七年二月刊行　新潮選書）を改題したものです。
図版作成　さくら工芸社

小林登志子（こばやし　としこ）

1949年千葉県生まれ。古代オリエント歴史学者。専門はシュメル学。中央大学文学部史学科西洋史専攻卒業，同大学大学院修士課程西洋史専攻修了。著書に『シュメル—人類最古の文明』『楔形文字がむすぶ古代オリエント都市の旅』『文明の誕生』『古代オリエントの神々』『古代オリエント全史』『古代メソポタミア全史』『アッシリア全史』など。

定価はカバーに表示してあります。

シュメル人（じん）

小林登志子（こばやしとしこ）

2025年２月12日　第１刷発行

発行者　篠木和久
発行所　株式会社講談社
東京都文京区音羽 2-12-21 〒112-8001
電話　編集（03）5395-3512
販売（03）5395-5817
業務（03）5395-3615
装　幀　蟹江征治
印　刷　株式会社広済堂ネクスト
製　本　株式会社国宝社
本文データ制作　講談社デジタル製作

ISBN978-4-06-538692-7

「講談社学術文庫」の刊行に当たって

これは、学術をポケットに入れることをモットーとして生まれた文庫である。学術は少年の心を養い、成年の心を満たす。その学術がポケットにはいる形で、万人のものになることは、生涯教育をうたう現代の理想である。

こうした考え方は、学術を巨大な城のように見る世間の常識に反するかもしれない。また、一部の人たちからは、学術の権威をおとすものと非難されるかもしれない。しかし、それはいずれも学術の新しい在り方を解しないものといわざるをえない。

学術は、まず魔術への挑戦から始まった。やがて、いわゆる常識をつぎつぎに改めていった。学術の権威は、幾百年、幾千年にわたる、苦しい戦いの成果である。こうしてきずきあげられた城が、一見して近づきがたいものにうつるのは、そのためである。しかし、学術の権威を、その形の上だけで判断してはならない。その生成のあとをかえりみれば、その根は常に人々の生活の中にあった。学術が大きな力たりうるのはそのためであって、生活をはなれた学術は、どこにもない。

開かれた社会といわれる現代にとって、これはまったく自明である。生活と学術との間に、もし距離があるとすれば、何をおいてもこれを埋めねばならない。もしこの距離が形の上の迷信からきているとすれば、その迷信をうち破らねばならぬ。

学術文庫は、内外の迷信を打破し、学術のために新しい天地をひらく意図をもって生まれた。文庫という小さい形と、学術という壮大な城とが、完全に両立するためには、なおいくらかの時を必要とするであろう。しかし、学術をポケットにした社会が、人間の生活にとってより豊かな社会であることは、たしかである。そうした社会の実現のために、文庫の世界に新しいジャンルを加えることができれば幸いである。

一九七六年六月

野間省一